任性出版

U0021093

遺產與贈與的節稅細節

財產怎麼贈，孩子拿了錢不落跑；
遺產怎麼分，老者心安、少者不爭，
還能省下萬萬稅。

胡碩勻 著

關於遺產與贈與的細節，我想問……

01

女兒要出嫁了，想送一筆錢給她當嫁妝，這樣算贈與嗎？

☞ 見第57頁

02

我把房子過戶給兒子後，他竟然說缺錢要賣房，我可以把房子要回來嗎？

☞ 見第167頁

03

中風後只有小兒子照顧我，其他子女都避不見面，我死後可以把財產都留給小兒子嗎？

☞ 見第79頁

04

寫好遺囑，也有公證人簽名，這樣就有法律效力嗎？

☞ 見第93頁

05

國稅局突然通知我，我繼承到一大片土地，但遺產稅超高，根本沒錢繳稅，怎麼辦？

☞ 見第131頁

06

爸爸過世留下一屁股債，我可以不還嗎？

👉 見第85頁

07

女婿在我的公司占有不少股份，我擔心他會和外人聯手吃掉公司，怎麼預防？

👉 見第303頁

08

我是小三生的小孩，爸爸突然過世了，我可以分到遺產嗎？

👉 見第74頁

09

舅舅不爽阿嬤的遺產分配，又不願意跟媽媽和阿姨們協調，有什麼解決辦法？

👉 見第89頁

10

我沒結婚也沒小孩，父母也早就過世，哪天我突然死了，錢怎麼辦？

👉 見第69頁

11

我買了壽險，受益人是兩個
女兒，保險金會被課稅嗎？

☞ 見第61頁

12

我是癌末患者，想讓還未成
年的兒子未來有比較好的照
顧，該怎麼做？

☞ 見第235頁

13

我把南部一塊閒置農地過戶給
當工程師的兒子，竟然被國稅
局催繳贈與稅，為什麼？

☞ 見第227頁

14

兒子要結婚了，我想送
一戶新房給他，怎麼做
最節稅？

☞ 見第157頁

15

聽保險員說，保險金不用繳
遺產稅，是真的嗎？

☞ 見第147頁

16

多少財產才需要關心
遺產稅？

見第114頁

18

媽媽過世後，我繼承 1,000
萬元存款，弟弟繼承 2,000
萬元的房子，我繳的遺產稅
竟比他多，憑什麼？

見第51頁

17

信託感覺是有錢人才
能做的事，我的財產
不到 2,000 萬元，也
能辦信託嗎？

見第244頁

19

我藏在國外的財產，
以後都會算在我的遺
產裡嗎？

見第117頁

20

我辛苦經營的公司、累積的家
產，不希望被後代子孫敗掉，有
什麼方法可以保護這些資產？

見第291頁

 目錄

第 1 章

父母認為的公平，不等於子女的公平
——財產怎麼贈，孩子拿錢不落跑

第 2 章

公平公平，口說無憑
——遺產怎麼分，老者心安、少者不爭

第 3 章

喜歡嗎？爸爸買房送給你

各界重磅推薦

用一本書的親民價格，幫你省下萬萬稅。因為光懂法條沒有用，你得了解其中的操作細節！

——朱紀中，商周集團總經理

本書是財富傳承眉角寶典，深入淺出，實用專業。

——江偉源，永豐金證券（亞洲）董事長、

中華財富傳承顧問協會常務理事

詳閱本書的節稅細節，你可以合法的少繳遺贈稅。

——呂志明，臺灣省會計師公會名譽理事長

繼《節稅的布局》後，胡會計師又一經典的財富管理著作！

——余凱文，台灣創速創辦人、台灣投資人關係協會首席顧問

這是一本易讀實用的好書！

——周行一，國立政治大學財務管理系名譽教授

節稅再進化，遺產與贈與稅不是有錢人才要煩惱，小資族也要搞懂。提早規畫，才能讓老者安心、少者不爭、家庭和樂。知名會計師與暢銷書作家，用實例教導，讓你省下萬萬稅。

——林奇芬，理財教母、前《Money 錢》雜誌社長

越有愛、越要先算好，把財產的遊戲規則寫清楚，當生離死別驟至，才能讓有愛跟所愛的人都能得到應有的保障。胡會計師藉由這本書，把專業服務的精髓分享給每一個家庭，用親民的案例來解釋專業知識，內容跟胡會計師之前的演講與著作一樣，精彩可期！

——孫欣，臺灣及美國律師、KPMG 資深顧問

做對決策，才能把愛與錢都交付自己一生關注的人身上。

——夏韻芬，中廣《理財生活通》節目主持人、財經作家

一本大家都可以參考的稅務實用好書。

——張士傑，

國立政治大學風險管理與保險學系教授、中華開發金控獨立董事

提升世界華人金融保險從業人員的專業素養、形象與社會地位，是保銷集團的使命價值；推薦財務顧問師運用本書，協助客戶皆能老有所養、愛有所繼、產有所保、財有所承！

——梁天龍，保險行銷集團董事長、國際龍獎 IDA 創會主席

傳承要永續，傳者要有智慧，承者要有勇氣；夢想會計師胡碩勻將「遺產與贈與」的有效規畫，在書中用最易懂的說明與案例，讓家族的資產延續不再是艱難的決策。

——郭宗霖，台灣投資人關係協會理事長、

霹靂國際多媒體公司財務長

這是一本沒有最好只有更好的稅務規畫好書！

——郭維裕，國立政治大學教授、英國劍橋大學財務經濟學博士

投資，巴菲特說：財報就像球賽的計分板，看不懂你就無法了解比賽。

而理財，稅務規畫就是合法的節約財富，不懂規則，你會輸在起跑點，也流失了金錢。作者有會計師和財務規畫師的雙重身分，讓節稅有了布局和規畫的意涵。

——闕又上，理財暢銷書作家

課稅好心痛？這本書絕對值得你傳承！

——顧及然，日勝生京站實業董事、安勤科技獨立董事

作者序

光懂法條沒用，了解操作細節，你的錢才能留給最在乎的人

　　作為一位會計師，多年來我幫助了許多客戶解決他們在財務及稅務上的困擾和疑問。其中，最常見也最重要的問題，就是如何有效的傳承自己辛苦累積的財富，讓後代能夠安心享受，而不必擔心高額的稅負或繼承糾紛。

　　在我的職業生涯中，見證了許多家庭因為沒有做好遺產規畫，而陷入困境和紛爭的情況。有些人因為不了解遺產及贈與稅的規定，造成自己或家人的財富損失；有些人因為沒有留下清楚的遺囑或信託，引發後代之間的爭奪或不和；有些人因為忽略了心理和情感的層面，導致家庭關係破裂或冷漠。

　　這些案例讓我深刻體會到，**資產傳承不僅是稅務或法律的問題，也是涉及人性、價值、文化**等多方面的問題。如果想要順利的完成資產傳承，就必須從多個角度來考量和規畫。然而，臺灣民眾關於這方面的知識和資訊並不普及，許多人對於執行細節，缺乏正確和全面的認識，例如爸爸生前說要把房子留給長子，但沒有寫遺囑，等到爸爸過世後弟弟妹妹們都來吵；想利用保險來

節遺產稅，由大人付保費，小孩領保險給付，結果反而變成贈與，被國稅局追繳贈與稅；又或是想送小孩房子，到底是誰先買好房再過戶給小孩，還是直接用小孩的名義購屋等，都是重要的細節。

在臺灣，遺產及贈與稅是影響資產傳承效率和成本的兩大因素。**根據《遺產及贈與稅法》，被繼承人死亡時留下的財產超過 1,333 萬元者，須依法繳納遺產稅**；生前無償轉移財產每年超過 244 萬元者，須依法繳納贈與稅。這兩種稅目前都有三個級距：10％、15％及 20％。如果不好好規畫，可能會大幅流失或分散家庭財富。

因此，在本書中，我將以我的專業知識和實務經驗為基礎，向讀者介紹臺灣遺產及贈與稅制度的內容和特色，並提供一些有效且合法的節稅和資產保全策略，讓讀者能夠根據自己的需求和情況，制定出最合適的傳承方案，避免不必要的稅負和風險。

本書共分為 5 個章節：

第 1 章說明資產傳承在家族成員心理和情感上的影響，因為「**父母心中的公平，從不等於子女眼中的公平**」，以及如何透過贈與達到圓滿的結果，並兼顧節稅的目的。第 2 章主要介紹遺產稅的規定，包括課徵對象、免稅額、扣除額、價值認定、課徵方式，另外還有《民法》繼承順位、遺囑、遺產分配及繼承登記等應該注意的細節。

由於資產傳承除了現金之外，最常見的就是房屋、土地等

不動產，因此第 3 章講解如何壓縮不動產的課稅價值，包括房地產、農地節稅等，並補充近年不動產相關的稅負規定，如房地合一、實價登錄與《平均地權條例》修法等。

　　第 4 章介紹如何利用信託，將資產的課稅時價凍結起來，並介紹相關的課稅規定。第 5 章因應近年國際反避稅的趨勢，特別介紹 CRS 共同申報準則、受控外國企業制度 CFC 等新制，及移民遠走高飛時要注意的細節，提醒大家金錢如有腳，凡走過必留下痕跡，不可不慎；還有家族財產集中控管的策略，包括閉鎖性控股公司（Holding Campany）的設計，及頂級富豪在用的家族辦公室做法。

　　最後將總結財產傳承的 6 大策略及 12 大工具，幫助讀者選擇最適合自己的做法。附錄則提供綜合所得稅的幾個重要表格供讀者快速參照，包括所得類別、稅率、免稅額、扣除額、最低稅負制、七大免稅所得、投資基金課稅方式及執行業務所得等，並分享了幾項節稅妙招。

　　本書旨在提供讀者一個有系統而深入的指南，幫助大家在面對生命中最重要也最複雜的問題時，能夠做出明智而合理的決策。書中不僅有豐富具體的案例分析和圖表說明，還有一些實用的工具和表格，讓讀者能夠輕鬆計算出自己的稅負和資產配置，並記錄自己的資產傳承計畫。

　　本書的特色和創新之處在於，**它不僅從法律和財務的角度出發，還兼顧了心理和情感的因素**。我認為，資產傳承不只是一

個數字遊戲，更是一個涉及家庭成員關係和價值觀的過程。因此，在本書中，我也提供了一些幫助讀者建立家族願景、培養下一代財務素養、增進家庭凝聚力等方面的建議和方法。

　　雖然內容盡量以淺顯易懂的方式呈現，但由於涉及許多專業術語和法規細節，可能仍有不足或錯誤之處。如果讀者在閱讀過程中發現任何問題或建議，歡迎隨時與我聯絡。我將非常感謝你的寶貴意見。

　　最後，在此感謝我的家人、朋友、客戶、同事、出版社、推薦人等所有支持我的人，有了你們的鼓勵和協助，這本書才得以完成。俗話說「魔鬼就藏在細節裡」，希望這本《遺產與贈與的節稅細節》能夠為你們帶來一些啟發和幫助。

前言
本是留給摯愛的禮物，怎成撕裂感情的利刃？

　　曾小姐是獨生女，由父親獨自撫養長大。父親因病過世之後，她是遺產的唯一法定繼承人，繼承了父親的存款五百多萬元及多張股票。

　　曾小姐的祖母不滿兒子的遺產全部由孫女繼承，便提出告訴，說兒子的存款及股票其實全都為她所有，是她以兒子的名義借名登記。如今兒子過世，這些存款及股票應返還於她，不應由孫女全部繼承。

　　阿媽竟會跟孫女爭產？令人不免懷疑：「哪有這麼誇張？」是的，在我執業的這些年裡，就遇過很多客戶因為贈與、遺產等財富傳承及稅賦問題前來諮詢，為了遺產，彼此從親人變仇人的也不算少。

　　很多家庭真的為了一棟房子、一塊土地、一張保單，甚至一小筆存款，母子交惡、兄弟互告；也有長者提早安排好財產分配，子女們卻在拿到房子土地後，就把老父老母棄之不顧，看了令人心寒。

案例 1

提早分財產，以為他們會孝順，
怎知竟是棄養的開始！

有個長輩名下有兩間房子和一筆土地，他很早就計畫好要讓兒女平分，於是就在過完七十大壽後，將房子和土地分別贈與三名子女。他在贈與之前原本是與兒子一家同住，但在贈與之後，同住的兒子開始對他惡言相向，藉故要求他搬出去，另外兩個女兒也無意接他過去，三人從此對他不聞不問。

這個長輩對兒女感到心灰意冷，決定要把贈與的房子與土地都收回來，可以嗎？最後法官認定，三名子女符合《民法》第416條的規定，對於贈與人有扶養義務而不履行，因此判決可以撤銷贈與。意思就是，因為三位子女都棄養父親，所以這位長輩可以拿回已經送給小孩的房子和土地。

蔡姓阿公有一兒一女，兩人皆已結婚，前幾年老伴過世後，他便住進安養中心。蔡阿公有些重男輕女，希望自己在百日之後，兒子能得到比較多的財產，就先把名下的土地贈與兒子，同時要求兒子每月給他生活費用。另因為信任兒子媳婦，就把存摺、提款卡等，交給他們代為保管。

沒想到兒子一取得土地後就翻臉不認帳，先是拒付每個月的生活費，蔡阿公因病住院也不曾探視關心過，媳婦更是擅自拿蔡阿公的提款卡領錢，戶頭裡的錢最後被提領一空。

　　蔡阿公氣得要求兒子還回之前贈與的土地，但法院查核發現，蔡阿公在贈與土地給兒子時，並沒有簽定贈與契約，指定兒子必須每月提供父親生活費，再加上兒子媳婦辯稱兩人一直支付安養中心的費用，並沒有棄養爸爸，最終蔡阿公敗訴，拿不回已經贈與出去的土地和兒子的孝心。

　　上面兩個案例同樣於生前贈與財產給子女，子女拿到財產後就不想再奉養父親，因此父親想要拿回財產，但為什麼一個可以成功拿回，另一個卻拿不回來？差別在於，前者的狀況符合《民法》第 416 條第 1 項規定的：「對於贈與人有扶養義務而不履行者，贈與人得撤銷其贈與」，因此可以把財產要回來。

　　而蔡阿公沒有贈與契約可以證明，這項贈與附帶兒子必須每月支付生活費的條件，且兒子仍持續支付安養中心費用，並沒有真正棄養父親，所以無法撤銷贈與。由此可見，提早分配財產時，仍有許多特殊情況要設想，而且**贈與財產應與立遺囑一樣慎重，就算是贈與子女，也應白紙黑字簽定贈與契約**，才能讓雙方都歡喜。

案例 2

爸爸遺囑已寫明「當我病危時，不要急救」，兒子卻為了不想繳遺產稅要他「撐下去」……

　　知名作家瓊瑤之前就為了是否要替患上失智症的丈夫，也就

是皇冠文化集團創辦人平鑫濤插鼻胃管，與繼子女發生糾紛，過程彷彿一齣倫理劇，引起華人社會的關注。

根據平家子女的描述，平鑫濤曾在寫給子女的書信中交代：「當我病危的時候，請不要把我送進加護病房。我不要任何管子和醫療器具來維持我的生命。更不要死在冰冷的加護病房裡。所以，無論是氣切、電擊、插管、鼻胃管、導尿管……通通不要，讓我走得清清爽爽。」

在爭執是否插鼻胃管時，瓊瑤認為應該遵從丈夫的想法，反對插管，可是她的繼子女認為，父親並未到「病危」的地步。最終瓊瑤無奈妥協讓步，讓平鑫濤插上了鼻胃管。但之後看到丈夫插管後身體不適，深覺自己背叛了另一半，在網路上淚訴「撕裂我、擊碎我的那根管子……」，引起社會一片嘩然。

插管之爭其實很常見，曾有新聞報導，有一位 90 歲的癌末老翁被送進加護病房插管治療，當時他已無意識，距離多重器官衰竭病狀已不遠，但家屬懇求醫生搶救：「拜託讓他再多活 1 年。」只是為了可以避千萬元的遺產稅。

為什麼九旬老翁再多活一段時日，就可以節省遺產稅？

因為《遺產及贈與稅法》第 15 條第 1 項有「視為遺產」之規定，若被繼承人死亡前 2 年內有贈與行為，尤其是贈與現金給配偶等特定近親，縱使一年內的贈與總額沒有超過 244 萬元，或是屬於免稅之贈與，仍應併入被繼承人遺產總額申報。換句話說，**如果贈與超過 2 年，這些贈與就無須再被併入遺產總額申**

報，也就難怪許多老人即使已經病危，家屬仍要求插管，只為了拖過 2 年的期限。

而對特定近親之贈與，係指被繼承人死亡前 2 年內，向以下對象贈與個人財產：

1. 被繼承人之配偶。

2. 《民法》第 1138 條、第 1140 條規定之各順序繼承人（直系血親卑親屬、父母、兄弟姊妹、祖父母）。

3. 各順序繼承人之配偶。

為了避稅而想盡方法延長病人壽命，不僅是孝心打了折，對於病人而言更是一種折磨。

臺灣在 2019 年已開始施行《病人自主權利法》，如果能夠在生前就先簽署放棄急救切結書，不僅可以在緊急狀況時，依照自己的意思執行治療模式，親人在處理時也不會再傷透腦筋，甚至可以預防子女為了節省遺產稅，而選擇對於自己身心靈不利的治療方式。

案例 3

需要照顧時不見人影，分財產時人就出現……

阿昌伯有 3 兒 1 女，其中兩個兒子移民美國，女兒長期居住在日本，三人平時都很少與阿昌伯聯絡，兩個兒子更是長達 10 年沒有回過臺灣，只剩未結婚的小兒子在身邊照顧他。

　　阿昌伯後來因腎臟疾病過世，他在病重住院後就預立遺囑，寫明其名下的土地房產要由小兒子單獨繼承。阿昌伯過世後，另外兩個兒子馬上從美國飛回臺灣爭產，主張爸爸立遺囑時已經昏迷、意識不清，遺囑無效，遺產應該也有他們的份。

　　父母需要照顧時不見人影，分遺產時人就出現，兩個哥哥的行為讓阿昌伯的小兒子很生氣，但除了想辦法證明爸爸立遺囑時人是清楚的，遺囑確實有效，也沒有別的辦法。

　　類似的情況還有李爺爺，他在南部繼承很多農地，原本價值不高，後來政府為了交通建設而將土地重劃、變更地目與徵收，讓李爺爺突然間變成李員外，家族也跟著沾光，每個人都實現願望，因為：「只要你喜歡，李爺爺通通都買給你。」

　　隨著李爺爺的錢逐年被花掉，存款越來越少，原本圍著他轉的晚輩們也跟著越來越少，最後只剩下外傭陪他。有鑑於李爺爺已經快 90 歲，家人開始討論未來繼承事宜。

　　李爺爺私下問我該怎麼辦？我回他：「您能不能做到像電影《滿城盡帶黃金甲》的經典臺詞：『天地萬物，朕賜給你才是你的；朕不給，你不能搶！』還有陸劇《天盛長歌》中皇帝曾說的：『朕給予你的隨時可以收回，只要朕還在此位。』這樣？」

　　我建議李爺爺，從現在開始養成定期寫遺囑的好習慣，並且要有意無意的讓子女知道，自己偶爾會修改遺囑。哪個小孩最近不夠孝順，也不用特別生氣，只要在遺囑紀錄上減少他 10% 的遺產分配比例即可，寫「遺囑週記」是個很療癒、又能讓子女有

所警惕的有效方法。

案例 4

爸爸生前說要把房子給我，但沒立遺囑，現在兄弟姊妹都來吵……

一位朋友在幾個月前，突然很認真的來我辦公室聊聊，說他現在與父親同住，雖然有好幾個兄弟姊妹，但父親都是他在照顧。父親希望能把目前同住的這間房子，在生前就贈與給他，所以特地向我諮詢有關贈與稅的問題。

我跟他要了一些不動產基本資料、土地所有權狀、最近一期房屋稅單，再上網自行調閱土地電子謄本，計算一下最新的土地公告現值與房屋評定現值，合計數約五百多萬元，扣掉贈與稅免稅額 244 萬元之後，贈與淨額近 300 萬元，乘上稅率 10％（見第 40 頁圖表 1-2），贈與稅約 30 萬元。此外，過戶這間房子還須繳納土地增值稅約十多萬元。

過了幾個月，有天我突然接到這位朋友的電話，跟我說他父親過世了，留下兩筆土地、一間房屋、一些股票及存款，要我幫他算一下遺產稅。我請他先去向國稅局調遺產稅財產參考清單，再打電話給我。我依照財產參考清單計算過後，確認遺產價值不到 1,000 萬元，小於當時的免稅額 1,200 萬元（現為 1,333 萬元），並沒有遺產稅的問題，朋友聽後安心的掛了電話。

　　過了一個月，他又打電話來了，很緊張的說其他兄弟姊妹要來爭他現在住的房子，也就是之前找我計算贈與稅的那間房子。我問他：「父親生前沒有贈與過戶給你嗎？」他才回說，當時，這樣的稅金數目讓他與父親猶豫了，所以沒有辦理移轉登記。我再問：「父親有沒有留下遺囑？」他回答沒有。難怪其他的兄弟姊妹想主張，以所有繼承人平均分配的方式，來爭這間房子。

　　後來，兄弟姊妹之間一直談不攏，就上法院提告，我朋友即使主張父親生前都是他在照顧，也有通訊軟體的紀錄說要把房子贈與給他，但**在法律的證據攻防上，沒有正式的遺囑，自然難以得償所望**（見第 2 章第 3 節）。

　　前幾年我出了關於財稅的第一本書《節稅的布局》，協助大家如何在個人所得、買賣不動產及遺產贈與上節稅，這幾年越來越多人詢問，在布局遺產和贈與時的細節問題，所以這次我特別針對這兩個部分詳細說明。

　　我們努力打拚一輩子，總是希望最終能夠順利的傳承財富、遺愛子女，但**遺產究竟是留給摯愛的最後一份禮物，或是撕裂家族感情的利刃？**遺產引發的家族爭產事件，時有所聞，別以為財產紛爭只是有錢人的專利，其實只要有遺產，就可能有紛爭。

　　為了家庭著想，避免後代爭產風波，將自己的精神及財富順利傳承好幾年，也好讓自身安心退休樂活，每個人都應該提早規畫財產、預立遺囑、生前贈與等事宜。

第 1 章

父母認為的公平，
不等於子女的公平
——財產怎麼贈，孩子拿錢不落跑

第 **1** 節
17 隻駱駝怎麼分給 3 個兒子才公平？

根據媒體報導，三民書局創辦人劉振強於 2017 年過世後，劉的妻子協同長子劉仲文，與次子劉仲傑爆發爭產糾紛。

在訴訟過程中，次子劉仲傑提出，父親曾指定由他接棒管理事業，而大哥劉仲文從 30 歲起就要求父親分產，且各種滋事不斷，讓父親非常氣憤。但長子劉仲文則辯稱，自己在 1994 年之前都擔任三民書局董事長，之後是因健康狀況才退出經營。

雙方纏訟至今已超過 5 年，攻防之間還衍生出許多其他民刑訴訟案件，如此繼續爭鬥下去，不僅絕非劉振強所樂見，更深受影響的，該是三民書局的存續，以及五百多名員工的生計。

擔任會計師多年，我最常被人諮詢的，就是財產的傳承及相關稅務問題。

財富的主人，若是活著的時候就把財產送人，叫做贈與；死後才給，就叫遺產。這兩者都要課稅，只是計算方式不同，金額不一。

　　但我認為，這兩者最大的差別，其實不在課稅多寡，而是衍生出來的問題——財富的主人若選擇生前送人，因為當事人還在世，可以親自說明，問題多半不大；若是死後才給，由於當事人已無法說明自己的意願，常導致後輩子孫對於遺產的繼承問題紛爭不休。

　　遺產的分配，說穿了就兩個字：公平。但由於財產的複雜性及多樣性，公平不見得能實現。這讓我想到古老的阿拉伯世界流傳一則充滿智慧的故事：

　　有一位老人死後留下了 17 隻駱駝及 1 張遺囑給他 3 個兒子。依照遺囑的分配，老大可以得到一半數量的駱駝，老二得 1/3，老三則是 1/9。這下問題來了，17 隻駱駝不能整除於 2、3 或是 9，勢必要宰 2 隻駱駝並分屍才可以，但是死的駱駝又不值錢，三兄弟為了這個問題大傷腦筋，甚至鬧得兄弟鬩牆，最後沒有辦法，只好請族長裁示。

　　族長了解情況後，笑咪咪的表示，為了讓三兄弟和睦相處，決定送他們 1 隻駱駝，湊成 18 隻。依照遺囑，老大可以得 9 隻駱駝，老二、老三則分別得到 6 隻和 2 隻。有趣的是，三兄弟得到的駱駝總數加起來還是 17 隻，多的那 1 隻完璧歸趙的回到族長手中。如此一來，駱駝不會遭到分屍，還可以完全按照他們父親的遺囑，分配 17 隻駱駝。以數量來看，新的方法還比原來該分的還多，沒人吃虧，可謂四贏策略。

　　我又多想一種情況，假設是 19 隻駱駝又該如何分配？答案

圖表 1-1　駱駝遺產怎麼分？

繼承人	遺囑指定分配比例	17 隻駱駝時	18 隻駱駝時
老大	1/2	8.5 隻	9 隻
老二	1/3	5.7 隻	6 隻
老三	1/9	1.9 隻	2 隻

是，捐一隻駱駝出來做公益，父母、3 位小孩、社會，打造五贏策略！

一張不清不楚的遺囑，兄弟就此分家

　　財富傳承向來就不是一件容易的事，已故長榮集團創辦人張榮發曾有感而發，離世前在書中說：「不留財產免得子女爭產⋯⋯。」甚至也有傳聞，他早就把大部分的財產捐給財團法人張榮發基金會及其他慈善機構。但如此樂善好施的理想，卻在他身故時因為一張不清不楚的遺囑，讓一切變得更加繁雜。張榮發的大房、二房為爭產鬧得不可開交，導致二房的獨子張國煒與大房失和，離開長榮航空。

　　類似的狀況，還有臺灣經營之神王永慶在 2008 年突然病逝後，他的長子要求重新分產、分權的爭端，造成後代子女爭執不休，至今仍未平息；美福企業黃家三兄弟疑似為了爭奪家產，爆

發槍擊慘案……。

有鑑於此，任何人都該越早規畫資產傳承與移轉越好，而且通常必須注意以下 6 大重點及挑戰：

1. 依照意旨

2022 年 9 月最令人震驚的名人消息，應該就是英國女王伊莉莎白二世（Elizabeth II）的辭世。在位 70 年的伊莉莎白二世，不僅是英國在位時間最長的君主，也是英國財富最多的女性之一，她遺留下來的 240 億英磅，將如何傳承下去？

據媒體報導：「伊莉莎白二世擁有的財產，大致上可以分為兩大類型，一部分是英國王室的財產，包括莊園地產、王權皇冠等，另一部分則是她的個人財富，其中以不動產、珠寶和藝術品為主。前者僅擁有使用權，後者則是她的私人所有物。」

查爾斯三世（Charles III）作為第一順位繼承人，女王在位期間使用、佩戴的「英國王權之物」，將會由他繼承，而且遺產中的王室資產無須繳納遺產稅。

至於私人財產的分配，因伊莉莎白二世的遺囑設有保密條款，外界不得而知，但據傳她個人私有財產中價值 1 億英磅（約新臺幣 34 億元）的珠寶，將全數留給孫媳婦凱特王妃（HRH Catherine, Princes of Wales）或是曾孫女夏綠蒂公主（HRH Princes Charlotte of Wales），若是由夏綠蒂公主繼承，因公主年紀較小，將暫時交由凱特王妃保管，並擁有配戴權。

「依照意旨」是指想傳承資產的人希望百年之後，繼承者們能夠依照自己的內心想法去分配財產，甚至決定一手打造的企業由誰來接班經營、發揚光大。有媒體宣稱：「英女王生前最後一刻更改了遺囑。」姑且不論這事是真是假，但由此可以知道，遺囑要做到完全符合自己的期望，就連對於歷經千百難事的英國女王來說也並不容易，訂定遺囑的過程應是思量了無數次。這也讓我們學到，**提早規畫遺產及遺囑內容，就能有更符合自己期望的安排。**

2. 寫遺囑週記

常有年長的客戶在跟我討論遺產稅規畫時，抱怨某某小孩不孝順、誰誰誰很現實……許多老人家總是擔心太早把財產給小孩，一旦自己老了、病了，他們會因為財產拿到手，就不懂得孝順及關心自己，甚至有些人還會因為這樣得憂鬱症。

俗話說：「久病床前無孝子。」太早把財產給小孩，若小孩沒教育好，就代表自己喪失了財產的控制權。應避免財產太早過給子女，讓小孩有忘恩負義的誘因及機會，造成自己晚年生活潦倒、無人理會。

寫「遺囑週記」是一個療癒的做法，而且**要有意無意的讓孩子知道自己有這個習慣。**假如昨天生病住院，大兒子沒來看望，不用生氣，只要在這週的遺囑週記中，把大兒子的繼承比例減少5％就好；或是今天二女兒陪你去淡水看夜景，讓你心情很好，

那就在遺囑週記中，把二女兒的繼承比例增加 3%……。好的傳承模式會牽涉到法律、信託等方法，提前謹慎規畫一定有好處。

有些父母太早把全部財產贈與或移轉給子女，而子女又不懂得感恩盡孝，導致自己晚年潦倒，或是無人理會。建議父母**給予子女財產時，要給得恰到好處，手上留下來的，最好要多於給出去的**。

3. 產權要完整，特別是土地

我曾幫一個姓莊的家族客戶規畫財產分配，他們家族在臺北某熱門的新興產業重劃區有多筆土地。

他們很羨慕隔壁土地都已被建商或土地開發商高價買走，現金入袋，但是自己家族的土地遲遲未能出售。原因就在於土地是多代繼承下來，子子孫孫都平均分配，所以有十多位所有權人共同擁有，其中有一位對建商提出的條件總是有意見，導致大家談不攏。

這與在都市更新及危老改建的新聞中，常聽到的「釘子戶」這個名詞，使得土地開發及整合耗費許多時間及人力的狀況類似。試想，如果你是建商或土地開發商，是與一位土地所有權人談比較容易，還是一次要和多位共有人談會比較順利？

遺留的不動產若是由多位子女共同繼承，有可能經過兩、三代之後，所有權人過多，導致每個人的單獨持分面積過小，再加上如果子女之間相處不睦、意見不一致，不容易單獨自建利用，

或與他人合建與開發，甚至執行土地分割，大田變小田，那麼不動產將喪失原本該有的經濟價值。

4. 父母的公平，不等於子女的公平

已故長榮集團總裁張榮發在生前叱吒風雲，以為死後自己的話仍然是聖旨，用一紙遺囑就想把財產和事業全都交給四子張國煒一人，甚至在遺囑中對於大房的 3 個兒子隻字未提，會引發爭產風暴，一點都不令人意外。

如果沒事先擬定遺囑，或是遺言交代得不清不楚，又或是遺產分配不公平，反而會讓子女心生怨懟，甚至從原本的兄友弟恭一夕間反目成仇。

儘管許多血淋淋的例子擺在眼前，但會積極規畫資產傳承和採取行動的父母仍屬少數。這是因為臺灣父母經常認為，自己的財產不複雜，沒必要規畫，未來依照法律分配即可；或是有交代就好了，子女應該會遵照安排；甚至認為子女之間感情融洽，不可能爭產。

其實大部分家庭在面臨分產問題之前，感情並沒有不好，但父母們千萬不要認為，子女現在沒事，將來分產時就一定沒問題。預先安排，才不會讓遺產變成家庭失和的導火線。

當然，並不是做好了安排，就一定不會上演爭產戲碼，因為想吵的人還是會吵，但如果能把想法落實到白紙黑字上，就能減少將來的紛擾。

法律上的公平，或父母認為的公平，在子女眼中未必就是公平，大部分子女除了會介意自己分到多少，也會計較父母生前是否偏心，或是兄弟姊妹對家庭有多少貢獻度。因此父母平時應多觀察子女互動，以及對金錢的態度，再適當的安排。

財產一旦無法公平分配，便容易引發爭奪、兄弟鬩牆，甚至若爭執不休導致久未安葬，還不如一開始就捐給慈善機構。

5. 富能不能過三代？傳承是關鍵

俗話說：「富不過三代。」許多家族通常是第一代拚搏，第二代積累，第三代開始揮霍，再來就家道中落了。

三十多年前，美國有一位華人王安，被譽為電腦大王，他憑藉天才的商業頭腦和敏銳的洞察力，開闢了商用電腦的新天地。王安在 1965 年推出第一臺桌上型計算器「洛其」，這也是現在個人電腦的雛形，當年他的第一個大客戶就是知名的 IBM。

王安電腦在鼎盛時期，於全世界 103 個國家和地區設有分公司，擁有 3.15 萬名員工，在美國富豪榜排名第五。然而卻因為後代接班企業經營不善，王安電腦帝國如同流星般，絢麗之後很快就隕滅了。

完全相反的例子，便是被譽為世界上最強大家族之一的洛克菲勒家族（按：Rockefeller family，集合美國工業、政治、石油和銀行等產業於一身的家族，因為長期控制大通銀行，以及涉足軍事、能源、醫藥、農業等重大行業而聞名於世），他們已經持

續繁榮了 7 代，至今依舊如日中天。為何他們可以做到？關鍵就在於他們懂得如何規畫資產傳承。

　　傳承財富，當然是希望讓後代的子子孫孫都能夠家庭安穩，並能有所成就，若僅是留下龐大遺產，卻未搭配良好的財商教育及理財觀念，往往容易演變成子孫養成惰性，隨意揮霍財產，甚至惹禍上身。

6. 節省成本

　　假設有個三代同堂的家庭，第一代賺了 10 億元，他們不做任何稅務布局，又依臺灣目前最重要的 4 種稅目：所得稅、贈與稅、遺產稅、土地增值稅，假設所得稅加土地增值稅合計課 20%、遺產贈與稅課 20%，以累計 40% 的稅負成本計算，再傳承到第二代將會只剩下 6 億元。其計算如下：

稅金＝所得或財產總額 × 稅率＝ 10 億元 ×40%＝ 4 億元
10 億元— 4 億元＝ 6 億元

　　到了第三代，再扣掉遺產贈與稅 20%的稅負成本，就只剩下 4.8 億元，其計算如下：

稅金＝財產總額 × 稅率＝ 6 億元 ×20%＝ 1.2 億元
6 億元— 1.2 億元＝ 4.8 億元

在這當中誰才是最大贏家？答案是政府。為什麼？因為第一代到第三代總共繳了稅金 5.2 億元，而這些錢都被政府拿走了。

如何節省賦稅成本，關係到遺產價值的估算、遺產稅計算與繳納、是否有海外財產及信託、國內外債權債務的確定及清償、是否要主張剩餘財產差額分配請求權等，所以，做好節稅的布局真的非常重要。

遺產與贈與的節稅細節

● 父母給予子女財產時，要給得恰到好處，手上留下來的，最好要多於給出去的。

● 法律上的公平，或父母認為的公平，在子女眼中未必就是公平，大部分子女除了會介意自己分到多少，也會計較父母生前是否偏心，或是兄弟姊妹對家庭有多少貢獻度。

第 2 節

怎麼贈與最划算？
送有房貸的房子

國稅局曾經公布一個案例，有個爸爸將賣出土地的錢存入 3 名子女的銀行戶頭，每人 100 萬元，3 人總計 300 萬元。他誤以為贈與總額是以接受贈與的人（子女）收到的金額來計算，認為每人只有拿到 100 萬元，還沒有超過贈與免稅額 244 萬元，因此沒有申報，也沒有找太太一起分散贈與金額（爸爸每年可以給小孩 244 萬元，媽媽也可以給 244 萬元），結果被國稅局核定須補稅 5.6 萬元之外，還得再繳罰款，平白損失一筆錢。

贈與人（爸爸）在 1 年內累計贈與他人的財產免稅額為 244 萬元，超過額度時就要課徵贈與稅，並且應在 30 日內申報繳稅。

贈與財產以時價計算，不動產以土地公告現值及房屋評定現值為時價，上市櫃股票以贈與日當天之收盤價為時價。

計算公式如下：

贈與稅＝贈與淨額 × 稅率 10%～ 20%－累進差額

贈與淨額＝贈與總額（本次贈與＋以贈與論＋本年內以前各次
　　　　　贈與）－扣除額－免稅額

　　為何在計算贈與稅時，會有本年內以前各次贈與？我用下面
例子說明。

　　楊先生於 2022 年 6 月 1 日贈與長子現金 100 萬元，由於未
超過年度免稅額 244 萬元，所以不用申報繳納贈與稅。楊先生
又於同年的 8 月 1 日再贈與次子現金 100 萬元，由於他的累積
年度贈與金額為 200 萬元，還是未超過 244 萬元的免稅額，所
以仍不用申報。

　　到了同年的 10 月 1 日，他再贈與長女現金 100 萬元，這時
年度累積贈與總額為 300 萬元，就應申報繳納贈與稅，減去免稅

圖表 1-2　申報贈與淨額、稅率及累進差額

贈與淨額	稅率	累進差額
25,000,000 元（含）以下	10%	0 元
25,000,001 ～ 50,000,000 元	15%	1,250,000 元
50,000,001 元以上	20%	3,750,000 元

額 244 萬元後，再乘以 10% 稅率，應繳稅 5.6 萬元。

贈與稅＝〔100 萬元＋ 100 萬元＋ 100 萬元—244 萬元〕
　　　　×10%＝ 5.6 萬元

　　《遺產及贈與稅法》規定，「贈與」指財產所有人以自己的財產無償給予他人，經他人接受而產生效力的行為。不論是父母或其他長輩、親友，只要雙方當事人有贈與合意的事實，就會對贈與人課徵贈與稅，也就是由「送的人」繳稅，不是收的人。

　　當然，前面也提過，每人每年有贈與別人累計不超過 244 萬元的免稅額，但根據《遺產及贈與稅法》第 21 條，贈與附有負擔者，例如還有貸款的房子，由接受贈與的人負擔部分包括銀行貸款、土地增值稅、契稅、其他贈與附有負擔者，可以從贈與總額中扣除。但要注意，土地增值稅及契稅由接受贈與的人繳納，才會有節稅效果。

　　舉例來說，假設某父親以自備款 1,244 萬元、房貸 756 萬元，購買市價 2,000 萬元的不動產，再將這個不動產與房貸一同贈與子女（即是未來房貸由子女繼續繳付），然而土地公告現值與房屋評定現值合計，該不動產只有 1,000 萬元時價，若是依照「附有負擔的贈與」的方式贈與，贈與稅的計算會是：以土地公告現值加房屋評定現值 1,000 萬元減去房貸的 756 萬元（附有負

擔的贈與），再減去免稅額244萬元，結果贈與淨額為0元。也就是這位父親雖然買了一棟市價2,000萬元的房子給子女，卻不用繳贈與稅。

贈與稅＝房屋評定現值1,000萬元—房貸756萬元
　　　—免稅額244萬元＝0元

但須注意的是，若子女（接受贈與的人）在受贈當時並無財力證明能支付房貸，則這房貸可能就無法主張作贈與的扣除額。父親也無法用未來每年的贈與免稅額度供子女繳納房貸，而主張扣除。

有些贈與可以不繳稅

依《遺產及贈與稅法》規定，有些贈與不計算在贈與總額裡，也不用繳稅，像是夫妻互贈財產；替受扶養人支付生活費、教育費及醫藥費；捐贈給各級政府及公立教育、文化、公益、慈善機關；公有事業機構、全部公股之公營事業；依法登記為財團法人組織且符合行政院規定標準之教育、文化、公益、慈善、宗教團體及祭祀公業；贈與給《民法》第1138條所定繼承人農業使用之農地及其地上農作物，但受贈5年內必須繼續農用；受

益人為不特定人之公益信託。

在不計入贈與總額的項目中，也曾發生民眾搞錯規定的情況。臺商張董在 2011 年間贈與新臺幣 500 萬元給大陸地區的公立小學，這個額度已經超過我國規定當年度贈與稅免稅額，但是張董並未依規定申報贈與稅，經國稅局查獲核定必須繳納贈與稅並處以罰緩。

張董不服，主張自己的贈與行為符合我國《遺產及贈與稅法》第 20 條第 1 項第 1 款，即捐贈「公立教育機關」之財產不計入贈與總額，依此他主張循序提起行政訴訟。

由於捐贈公立教育機關的財產不計入贈與總額的租稅優惠，是基於政府稅收本來就須列入公立教育機關經費，另透過民間捐贈公立學校的行為，同樣可以達到相同教育政策目的。所以條款中所稱的「公立教育機關」，自然是指中華民國政府依法令須挹注經費，而為中華民國政府統治權實際所及地區的公立教育機關，不包含大陸地區的公立教育機關。

因此，最後法院判張董敗訴，他仍然應繳納贈與稅。如果張董當初是捐贈給臺灣的公立小學，該款項就不用繳贈與稅了。

漏報稅怎麼辦？5 種狀況可以補繳免罰款

王先生花 2,000 萬元買了一間不動產，土地公告現值加房屋評定現值 1,244 萬元，**他買下之後再把該房子給兒子，扣掉免稅**

額 244 萬元，應申報贈與淨額為 1,000 萬元，贈與稅率 10％，稅金為 100 萬元。

另一位李先生也花 2,000 萬元買了一間不動產，土地公告現值加房屋評定現值一樣是 1,244 萬元，但他和王先生不一樣，是**把房子直接登記在兒子名下**，同樣扣掉免稅額 244 萬元，應申報贈與淨額 1,000 萬元，贈與稅率 10％，稅金同樣為 100 萬元。

結果王先生及李先生皆忘記申報贈與稅，被國稅局查到，並要求他們補繳。可是，兩人收到的公文卻不一樣。國稅局要王先生補稅 100 萬元，且再加罰一倍，總共須繳交 200 萬元。而李先生收到的公文則是：「收到通知後 10 日內申報，並繳稅 100 萬元。」因此李先生最後只繳了 100 萬元。

以上兩種贈與方式看起來沒什麼兩樣，一樣的房價和時價（公告現值），結果竟是一個要罰，另一個卻不用罰，而且兩位的稅負成本相差達一倍。為什麼？這跟「以贈與論」有關。

像李先生將房子直接登記在兒子名下，一般人不會認為這是贈與，但在法律上這就是贈與，也就是「視同贈與」，必須課稅。由於這跟大眾的習慣有關，所以政府特別訂立有利於納稅義務人的規定：「以贈與論」課徵贈與稅的案件，稽徵機關應先通知當事人於收到通知後 10 天內申報，如逾限仍未申報再依規定處罰。因此就不像王先生把房子轉送給兒子，未申報即有罰款。

操作成視同贈與的案件，基本上就已經有免罰的好處，這就是一種最簡單的節稅布局。視同贈與還有以下常見情形：

1. 爸爸拿錢出來幫兒子還債時

在請求權時效內（即是債權人可以要求債務人還債的期限之內，但期限依債務內容而異），無償免除對方或替對方承擔債務。例如債務人經商失敗，同意不用還債、幫小孩還房貸、信用卡卡費。

比方說，張大年的兒子張小年積欠銀行貸款 1,000 萬元，張大年向銀行申請核准承擔其兒子 1,000 萬元債務，並免除其債務，以贈與論，將課徵贈與稅。

2. 直接出錢幫子女置產時

以自己的資金，無償為他人購置財產。例如：幫小孩買車、基金、保險、股票或買房；也就是父親買房子，卻登記子女的名字。特別提醒，不動產簽約人必須是父母；如果不動產簽約及登記皆用小孩名字，卻由父母給付價金，則會變成是一般贈與現金的情況（見下頁圖表1-3）。

舉例來說，假設房地買賣價金 1,000 萬元，公告現值 300 萬元（即是土地公告現值 200 萬元＋房屋評定現值 100 萬元），若以父親為承買人（即簽約人為爸爸），與出賣人（地主及建商）簽訂不動產買賣契約，由父母支付買賣價金予出賣人，契約書已約定兒子為地政機關登記所有權人，就現值 300 萬元，以贈與論，課徵贈與稅。

若是父親與母親共同為簽約者，兩人一起贈與房子給兒子，

則可將 300 萬元平分在父母雙方個別的贈與免稅額裡，以 1 人贈與 150 萬元來計算（150 萬元 ×2 = 300 萬元），若是父母個別當年贈與總額未超過免稅額 244 萬元，即可不用繳贈與稅。

但若以兒子為承買人（即簽約人是兒子）與出賣人簽訂不動產買賣契約，兒子為地政機關登記所有權人，買房的錢由父親直接支付給出賣人。因兒子是買賣契約的當事人，他就有義務支付買房子的錢給出賣人，但現在卻是由父親直接付給出賣人，應屬父親無償承擔兒子的債務，此時課稅標的為兒子應支付的買房金額1,000萬元，以贈與論，課徵贈與稅。

若同樣是以兒子為承買人，父親匯款1,000萬元給兒子後，

圖表 1-3　幫小孩買房子，誰簽約、怎麼付款，計稅金額不一樣

簽約者	房子登記	出資方式	計稅金額	說明
父親	兒子	父親支付 1,000 萬元給屋主或建商。	300 萬元	視為父親贈與現值 300 萬元的房子給兒子。
兒子	兒子	父親支付 1,000 萬元給屋主或建商。	1,000 萬元	視為父親幫兒子負擔 1,000 萬元的債務，同樣視為贈與。
兒子	兒子	父親匯款 1,000 萬元至兒子帳戶，由兒子支付給屋主或建商。	1,000 萬元	視為父親贈與 1,000 萬元給兒子。

註：設定房地買賣價金 1,000 萬元，現值 300 萬元（土地公告現值 200 萬元＋房屋評定現值 100 萬元）。

再由兒子將父親滙入的款項付予出賣人，此時應認定父親直接贈
與兒子 1,000 萬元，課徵贈與稅。這種情況不算是視同贈與，應
屬「一般贈與」，被抓到直接就罰。

3. 用低於市場價值太多的金額賣出時

以顯著不相當之代價，出資為他人購置財產者、讓與財產、
免除或承擔債務。例如：**不動產買賣價格低於公告現值，或是股
票（權）賣價低於淨值的 80% 時，就要小心了。**

比方說，土地買賣價金 600 萬元，低於土地公告現值 1,000
萬元，就其差額 400 萬元，以贈與論，課徵贈與稅。

又或是，甲君於 2022 年 6 月 30 日將其名下 A 公司股票 100
萬股，以每股 10 元出售其子，取得出售價款 1,000 萬元，但該
公司 2022 年 6 月 30 日之每股淨值為 20 元，合計 2,000 萬元，經
國稅局查核後，就其差額 1,000 萬元，以贈與論，課徵贈與稅。

4. 未成年子女自己置產時

《遺產及贈與稅法》第 5 條第 5 款規定，限制行為能力人
（滿 7 歲以上之未成年人）或無行為能力人（未滿 7 歲之未成年
人）所購置之財產，如不能確實證明支付之款項，係該未成年人
所有者，視為法定代理人或監護人之贈與；法定代理人或監護人
應於買賣行為後 30 日內，向主管稽徵機關辦理贈與稅申報。

這種「以贈與論」的案件，如未依期限內主動申報，稽徵機

關會通知法定代理人或監護人，於 10 日內補申報，逾期仍未申報，除了要補繳稅之外，還會依《遺產及贈與稅法》第 44 條規定處罰。

假設甲君 17 歲時向第三人購買不動產，買賣成交價格 5,000 萬元，由於甲君當時未成年，所以他的法定代理人或監護人應該於買賣契約訂定日後 30 日內，向戶籍所在地主管稽徵機關申報贈與稅。但如果能證明，該筆購買不動產的款項真的是甲君所有（例如提示甲君歷年受贈款項之存摺紀錄），經稽徵機關查明屬實的話，才能免視為法定代理人或監護人對其之贈與。

5. 二親等之間的假買賣、真贈與

二親等以內親屬間財產，雖然用買賣的方式移轉財產，但是國稅局通常不太相信，仍需要有還款能力和資金來源才行。例如：母親借給女兒 1,000 萬元，女兒再向母親購買公司股權 1,000 萬元，由於屬於二親等以內親屬間財產之買賣，且女兒購買股權的款項，是由賣出股權的母親借給她的，所以就資金 1,000 萬元，以贈與論，課徵贈與稅。

又例如：甲父於 2022 年 1 月 31 日與未成年子女乙訂立買賣契約，移轉房地給未成年子女乙，價格 1,488 萬元，主張是乙歷年受贈之自有資金向其支付購買，贈與人除了父、母分別贈與 244 萬元外，其餘 1,000 萬元是祖父、祖母、外祖父、外祖母及姑姑等 5 人各贈與 200 萬元。後來被國稅局查到，其實那 5 人

的資金來源均是甲父提供，該 1,000 萬元資金應併入甲父的贈與總額，課徵贈與稅。

　　雖然稅法規定，父母與子女之間二親等買賣視同贈與的行為，然而，如果子女能提出支付價款的證明（子女自有資金、過去的分年贈與），而且已支付的價款不是向父母借來，或是由父母提供擔保，父母也沒有將子女支付的錢返還給他們的情形，則可視為買賣行為，不須課徵贈與稅。

　　另外，非屬贈與行為的二親等間買賣，不適用《遺產及贈與稅法》第 15 條擬制財產的規定，也就沒有死亡前 2 年內贈與二親等內親屬應併入遺產課稅的風險。所以，親屬間可透過訂定以財產法定價值（通常比市價低）為移轉價格的買賣，迅速移轉財產，也能節省贈與稅負。

　　特別注意的是，若不動產買賣的價格低於土地公告現值加房屋評定現值、上市櫃股票的買賣金額低於收盤價、未上櫃股票的買賣金額低於公司淨值等 3 種情況，有可能被國稅局要求就差額部分繳納贈與稅。此外，**每年贈與子女的存款，如父母經常任意動用，未來該資金在用來置產時，將不被承認為子女的資金，進而被徵收贈與稅。**

　　以上各種情況，若能證明支付之款項屬於購買人（子女）所有，而且該已支付之價款非由出賣人貸與、或提供擔保向他人借得者，可以不當作是贈與。

　　特別提醒，有些情況的贈與並非歸類為視同贈與，例如成年

人明顯沒有財力置產、未成年人在金融機構的存入款，皆非屬視同贈與，若被國稅局查獲，**不會通知當事人於收到通知後 10 日內補報，而是會逕予補稅送罰，請特別小心。**

遺產與贈與的節稅細節

- 爸爸贈與給兒子時，應由爸爸（贈與人）繳交贈與稅，若是爸爸失蹤、死亡，或沒錢可以繳稅時，則改由兒子（受贈人）繳納。

- 贈與總額是以爸爸在 1 年內送出去多少，而非兒子在1年內收到多少來計算，因此計算贈與稅時，要包括當年內之前各次的贈與。

- 被國稅局認定為「視同贈與」，而應課徵贈與稅的案件，稽徵機關會先通知當事人於收到通知後的 10 天內申報，若逾期未申報，除了仍必須補繳稅之外，還會再依規定罰款；未被認定為「視同贈與」而應課贈與稅的案件，則不會先行通知，而是會直接在補稅之外再加以罰款。

- 若父母經常動用已經贈與給子女的資金，子女未來在用這筆資金購買不動產時，將不會被認定為子女用自己的錢置產，而被課徵贈與稅。

第 3 節

你想分爸爸的 1 億房產，還是 1 億現金？

有一天，我在酒吧聽到三位小開正在聊天炫富，他們聊著自己的爸爸多有錢。聽到後來才發現，三位爸爸的財產都差不多是 1 億元，只是 A 小開大都持有存款，B 小開是股票大戶，C 小開則是擁有好幾間房子。

我笑著跟他們說：「雖然三位的父親財產都差不多，然而當你們計算遺贈稅和繼承時，最後的結果可能差很多！」他們聽了都驚訝又好奇的問：「為什麼？」因為**資產種類不一樣，課稅的計算價值就不同**，更精確的說，稅後財富將大不相同。

1. 土地用公告現值，房屋用評定標準價格

國稅局在計算財產價值時，是以贈與或被繼承人死亡時之「時價」為準。土地和房屋的時價有不同基準，土地為公告土地現值，房屋則以評定標準價格為準。

2. 上市櫃公司的股票看收盤價

投資的部分，上市櫃公司的有價證券，原則上依該股票於贈與日或繼承開始日那一天（即是逝者過世的當天）的收盤價來計算；而興櫃公司的股票，則依當日加權平均成交價來計算。若是當日無買賣價格，則依繼承開始日前最後一天的收盤價計算，若遇到價格劇烈變動，則依其繼承開始日前一個月的平均收盤價來計算。

如果是初次上市或上（興）櫃股票，在公開市場正式掛牌交易或開始櫃檯買賣以前，雖然沒有收盤價，但是只要有公開承銷價格，就應該依照贈與或死亡日當天股票的承銷價格、或是推薦證券商所認購的價格來計算。

3. 未上市櫃且非興櫃公司的股票看淨值

未上市、未上櫃，且非興櫃公司的股票，遺產價值原則上以贈與或被繼承人死亡日當天公司的資產淨值（即股東權益，總資產—總負債）乘上持股比例計算。若是投資平日有帳務紀錄，並辦理結算申報的獨資或合夥商號，也是這樣處理，小規模的營利事業則以登記資本額估算。

特別提醒，在計算公司資產淨值時，土地、房屋價值部分，國稅局可以依照贈與或死亡日當期的公告土地現值，及房屋評定標準價格來重新核算，當這兩個估算價值大於公司報表上的帳面價值時，就會被調高計入贈與或遺產的金額。當公司資產中有上

市櫃股票的投資，國稅局亦可依照贈與或死亡日那一天的收盤價來重新估算增值。

另外，若是國稅局抽查到公司所累積的未分配盈餘數額，則會以稽徵機關所核定的數字為準。

4. 基金看淨值，保單看保單價值準備金

基金的時價為基金淨值；保單的價值，則是以保險合約上的保單價值準備金為準。

回到前面提到的三位小開，從下頁圖表 1-4 可以了解，雖然他們的父親財產都差不多 1 億元，但是課遺贈稅的估價基礎都不一樣。

A 小開的父親財產大都是存款，國稅局會從他父親的存款餘額加應計利息來估價。如果先不管利息，以他父親的 1 億元乘以 15% 遺產稅率，再扣除累進差額 250 萬元，大約要課 1,250 萬元的稅（1 億元 × 15%－250 萬元＝ 1,250 萬元），課稅後 A 小開能得到的財產約 8,750 萬元。

B 小開的父親為股票大戶，國稅局會以他父親贈與或過世時股票市價約多少價位來估價。如果是飆股，資產會比較多，但相對的，要繳的稅也高。有一種情況更慘，就是當國稅局要課稅時，受贈人或被繼承人的股價飆漲，因此被扣比較高的遺贈稅，但幾個月後，股價反轉下跌至總價值比 1 億元還低，這樣不僅被

圖表 1-4　贈與及遺產估價方式

財產種類		時價估價方式	國稅局審核文件
土地		土地公告現值	土地謄本
房屋		評定標準價格	房屋稅單
存款		存款餘額＋應計利息	存摺
投資	上市櫃股票	收盤價	集保存摺股數餘額證明
	興櫃股票	當日加權平均成交價	
	IPO 初上市櫃	承銷價格或券商認購價格	
	未上市興櫃股票、出資額	淨值（有不動產、股票再依時價調整）	資產負債表、股東名冊
	小規模營利事業（免用發票）	登記資本額	登記文件
基金		基金淨值	對帳單
保單		保單價值準備金	保險契約
債權		債權金額＋應計利息	債權證明
車、船、飛機		淨值（成本—折舊）	買賣契據
珍寶、古物、美術、圖書		由專家估值	估價文件
地上權		依設定之期限及年租	合約
信託利益之權利		信託利益之價值	信託合約
法律未規定者		依市場價值估定	證明文件

扣了高額的稅，還因為股票下跌而資產縮水。

　　C 小開的父親擁有好幾間房子，不動產是用公告土地現值加房屋評定標準價格來估計遺產總額的時價，所以假設土地在臺北市，而且時價只有市價 1 億元的 50%（通常公告現值都比市價低很多），那麼這些不動產計入贈與或遺產總額的金額就會只有 5,000 萬元，再乘以 10% 稅率，稅額約為 500 萬元（5,000 萬元×10％＝500 萬元），C 小開得到的稅後財富將至少有 9,500 萬元（當然還要看不動產之後的價格波動）。

　　有鑑於此，資產的估價方式不同，會影響受贈人或繼承人最後得到多少財產。若想讓你的子孫都能夠家庭安穩，就要了解相關規則，做好節稅的布局，達到稅後財富最佳化！

遺產與贈與的節稅細節

● 國稅局在認定房屋和土地的價值時，是以「逝者死亡時」及「贈與出去時」的「時價」為準，土地以公告土地現值計算，房屋以評定標準價格計算。

● 贈與股票時，若股價在國稅局要課稅時飆漲，會被扣較高的遺贈稅，若之後股價下跌，資產還會因此縮水，所以贈與股票的稅金及資產總額變數較多。

第 **4** 節

送嫁妝最節稅，
但有 **6** 個月的期限

　　有些人的資產超過 1 億元，遺產稅鐵定適用最高的 20% 稅率（見第 128 頁圖表 2-12），所以**最簡單的節稅方式就是用時間換取空間，在生前分成多年贈與**。可以每年贈與適用 10% 稅率的財產額度 2,744 萬元（2,500 萬元贈與稅率 10% ＋ 244 萬元免稅額）給子女，這樣贈與出去的財產部分，可以省下一半稅負。

　　例如，經過分 10 年贈與 2.744 億元後，約可省稅 2,744 萬元（2.744 億元×〔原遺產稅率 20%－贈與時課徵稅率10%〕）。由於夫妻間贈與免稅，如果先贈與給配偶，再轉贈與給下一代，則可以再加倍額度至 5.488 億元，約可省稅 5,488 萬元。

父母送給女兒的嫁妝，要扣稅嗎？

　　現代人不想結婚或是晚婚，都跟經濟條件不足有關，但其實有個方法能讓子女結婚時，利用贈與額度節稅到極致，而且每當

我對各大銀行保險的 VIP 客戶說明這個方法時，年紀稍長、小孩也不小的客戶都會很開心。這個方法是什麼？我們得知道，子女婚嫁時，享有父母各 100 萬元的贈與免稅額度，所以只要嫁妝的總金額不超過 100 萬元，即可不計入贈與總額。

　　而且要規定這對新婚夫妻在年底聖誕節那幾天結婚，雙方父母共 4 人分別在子女結婚前後 6 個月內（嫁妝的贈與時效）各贈與 100 萬元，年底（12 月 31 日）再贈與 244 萬元（當年度的免稅額），隔天後到了新的一年（1 月 1 日），每位父母又可以再贈送一次 244 萬元（新一年度的免稅額），這對夫妻靠一次婚禮，即可經由父母免稅得到總計 2,352 萬元。其計算如下：

雙方父母共 4 人，每人分別贈與：

1. 婚嫁贈與，每人各 100 萬元：100 萬元 ×4 ＝ 400 萬元

2. 當年年終贈與，每人各 244 萬元：244 萬元 ×4 ＝ 976 萬元

3. 隔年年初贈與，每人各 244 萬元：244 萬元 ×4 ＝ 976 萬元

贈與免稅額＝ 400 萬元＋ 976 萬元＋ 976 萬元＝ 2,352 萬元

　　不過，贈與的計畫應越早開始越好，等到快不行了再來贈與的話，會有《遺產及贈與稅法》第 15 條：被繼承人死亡前 2

年內贈與親人的財產，應於被繼承人死亡時，視為被繼承人之遺產，併入其遺產總額課稅的問題。

圖表 1-5　夫妻間贈與財產或分散移轉給第二代，可降低個人遺產稅負

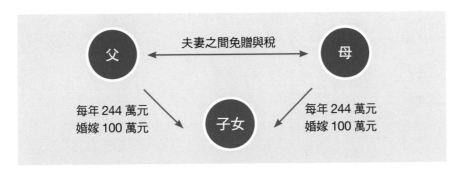

遺產與贈與的節稅細節

- 在過世前 2 年內贈與配偶、子女（及其配偶）、兄弟姊妹（及其配偶）、祖父母的財產，都會被列為遺產，必須繳遺產稅。

- 子女婚嫁時，父母雙方各有100萬元的婚嫁贈與免扣稅（但時效為6個月），若再加上父母各自1年244萬元的贈與免稅額，子女可一次拿到688萬元（100萬元×2＋244萬元×2），且父母雙方都免繳贈與稅。

爸媽繳保費，期滿子女領現金，小心保險變贈與

李媽媽幫 15 歲的女兒與 16 歲的兒子，各買了 1 張 6 年期的儲蓄險，年繳保費各 50 萬元，總共 100 萬元。投保時她以自己為要保人，女兒、兒子為受益人，6 年期滿後子女各可領回 300 萬元，準備用這筆費用作為他們出國留學的經費。

沒想到繳費期滿後，卻接到國稅局要求她補繳贈與稅 35.6 萬元，同時還因漏報這筆贈與款項，國稅局再多開罰 1 倍，連補帶罰總共要補繳 71.2 萬元。

為什麼會這樣？李媽媽滿心疑惑的想：「業務員跟我說，每人每年贈與免稅額是 244 萬元，我每年才付 100 萬元，為什麼要跟我追討稅金？」原來李媽媽將贈與免稅額度解讀錯誤。

事實上，李媽媽是要保人，也就是保單所有人，有權解約或變更受益人，但繳費年度不代表已構成贈與。

依據《保險法》規定，要保人有交付保險費的義務，又因保單有財產價值，要保人交付的保險費所累積的利益，屬於要保人

所有，所以國稅局認定的贈與，是女兒與兒子（受益人）在期滿該年度各自收到的 **300 萬元**，而非李媽媽每年所繳的 100 萬元保費。由於金額已超過李媽媽每年贈與免稅額的 244 萬元，因此將超出的 356 萬元（300 萬元 ×2—244 萬元）課以 10％的贈與稅 35.6 萬元。

另外，李媽媽應該在有贈與事實（子女領取滿期金時）的 30 天內，就超過該年度贈與免稅額的部分報稅，若逾時申報或漏報，除了補稅之外，還會被處以罰鍰。

若是她在保險期滿之前（子女尚未領取滿期金，還未有贈與事實）即已發現這個狀況，**請保險公司把受益人改為自己**，即可減少被國稅局核課贈與稅的問題。

知道這個基本觀念後，相信大家對於保險規畫是否會涉及贈與稅，便不難理解。接下來，我用 3 種情形分別說明保險是否要繳贈與稅：

1. 要保人與受益人不同，國稅局會課稅

投保時，因自己的身體狀況無法買保險，便情商配偶當「被保險人」。又因保單期滿時能領回一筆錢，就把「受益人」寫成兒子，正好可以當作兒子的第一桶金。像這種設定「要保人」是自己，「被保險人」與「受益人」分別為不同人的隨性安排，未來要特別留意贈與稅的問題。

舉例來說，林媽媽以自己為要保人及被保險人，投保 1 張

有還本金的保單，受益人寫兒子大林。之後卻收到國稅局的補稅通知單，原因是要保人與受益人分屬不同人，要被課徵贈與稅。為什麼？

依《保險法》第 14 條：「要保人對於財產上的現有利益，或因財產上的現有利益而深知期待利益，有保險利益。」所以根據要保人與受益人不同的保險契約，受益人到期所領的滿期金或還本金，屬於要保人對受益人的贈與，加計當年度其他贈與，如果超過免稅額 244 萬元，就要課徵贈與稅。

有鑑於此，這張保單的要保人為林媽媽，財產就屬於林媽媽，無論是還本金抑或滿期金，**只要保險金的領受人不是要保人，就會根據實質課稅原則，課徵稅負。**

2. 到期前變更要保人或受益人

許多人購買保險，以自己為要保人及受益人，等到保單繳費已屆期滿，將有滿期金時，便打算變更要保人與滿期金受益人為子女。

然而，由於保單價值屬於財產的一部分，變更要保人及受益人，相當於將原本個人應得的保險利益，變更為他人所有，屬於財產的無償移轉。**除非能證明過去所繳的保費，實際上均由子女支付，並且提出相關證明文件，否則國稅局將認定為贈與行為，對其課徵贈與稅。**

舉例來說，臺北市有位貴婦投保 6 年期養老險，在快到期

的前 4 個月，突然把受益人改為兒子，於是到期後壽險公司就將一千多萬元的滿期保險給付金，匯入兒子戶頭。事後，這被國稅局認定為贈與行為，不但得補稅，還須付罰鍰，金額高達 500 萬元！貴婦心有不甘，便提起訴訟，經過最高行政法院的審理，認為國稅局並無不當，判貴婦敗訴。

如果時光可以倒流，貴婦可以怎麼規畫？以該案例為 6 年期養老險、滿期金一千多萬元推估，每年所繳的保費假設為 200 萬元，貴婦可於每年贈與兒子 200 萬元，等於 6 年共贈與 1,200 萬元。

然後在投保之初，就以**兒子為要保人，母親以贈與現金的方式每年匯入兒子的戶頭，再由兒子繳付保費**。如此一來，只要贈與人每年贈與總額不超過贈與免稅額度 244 萬元，就不會發生事後被要求補繳 500 萬元的遺憾。

以往更換要保人只要向保險公司申請即可，但自 2020 年 11 月起，國稅局發函給壽險公會，提醒保險公司在受理變更要保人時，須繳驗稽徵機關核發之贈與稅或遺產稅證明書才能辦理。若業者違反相關規定，將對業者開罰 1.5 萬元以下罰鍰。

因應國稅局要求，不少保險公司在 2020 年 11 月底調整要保人變更申請辦法。若須申請要保人變更，應先請壽險業者出具該保單的「保單價值準備金」證明，資料備齊後向國稅局申請，並取得完稅或免稅證明，再持國稅局核發的證明文件向壽險業者申請變更。

壽險業者辦理變更要保人申請時，應通知當事人依情況不同，繳驗稽徵機關核發的擇一文件：

1. 原要保人將保險契約之權利，贈予他人或移轉予二親等以內親屬，須繳交贈與稅繳清證明書、核定免稅證明書、不計入贈與總額證明書、同意移轉證明書之副本，4 種文件擇一。

2. 因要保人身故申請變更要保人，須繳交遺產稅繳清證明書、核定免稅證明書、同意移轉證明書之副本，3 種文件擇一。

3. 代付保險費

謝先生本來規畫每年在贈與稅免稅額度 244 萬元內，贈與現金給小孩，但是又擔心小孩會亂花錢，所以就買了一張保單，年繳保費 244 萬元，而且要保人是小孩。但這張保單從父母的帳戶扣款或轉帳代繳，其實算「第三人無償代繳」，因此視同贈與，有可能被課贈與稅的風險。

所以，在保單簽約時，最好就是以子女為要保人及受益人，子女同時也是滿期金與生存金的受益人，等到保單期滿、拿到保險給付時，在要保人與受益人為同一人的情況之下，就沒有贈與的問題。

但應留意繳付保險費方面，**父母須先把錢放在子女戶頭，再從子女戶頭繳納保險費**。由於父母分年贈與的是保險費，而不是要保人給受益人的滿期金或生存金，所以只要年度所繳保費及其他贈與總金額低於 244 萬元，就不必繳交贈與稅。

遺產與贈與的節稅細節

● 只要生存保險金的領受人不是要保人，就會根據實質課稅原則課徵稅負。投保時就以子女為要保人及受益人，等到保單期滿領取保險金時，要保人與受益人為同一個人，就不算是贈與。

● 繳付保險費時，父母須先把錢匯到子女戶頭，再從子女戶頭繳交保險費（不能由父母直接匯錢到保險公司，不然也會被認定為贈與），只要保險費與其他贈與的總金額不超過244萬元，就不必繳贈與稅。

第 2 章

公平公平，口說無憑

——遺產怎麼分，老者心安、少者不爭

第 1 節
繼承權之戰，
關鍵在你的法定順位

　　2022 年 12 月 20 日媒體報導，世界著名藝術家畢卡索的長女瑪雅‧維德邁爾—畢卡索（Maya Widmaier-Picasso）已安祥辭世，享壽 87 歲。瑪雅於 1935 年出生在法國小鎮 Boulogne-Billancourt，她是畢卡索與當時摯愛，法國模特兒沃爾特（Marie-Therese Walter）所生的女兒，但沃爾特其實是畢卡索的情婦，兩人並未結婚。

　　畢卡索與第一任妻子奧爾加‧科赫洛娃（Olga Khokhlova）有一子保羅（Paulo Picasso），在奧爾加過世後，畢卡索與賈桂琳‧洛葛（Jacqueline Roque）再婚，但未有子嗣，賈桂琳便與保羅結盟，為財產之爭打擊非婚生子女。

　　在畢卡索的 4 名子女中，瑪雅是最熟悉父親繪畫方面的一位，她一生花費許多心力研究並保存畢卡索留下來的作品，並致力於推廣，多次將作品捐贈給不同的博物館。

　　畢卡索 92 歲去世後，留下價值超過 10 億法郎的遺產，但

他生前未立下任何遺囑,按當時的規定,私生子女不具備繼承遺產的資格,然而其中一位情婦透過法律途徑,讓自己的子女獲得畢卡索的姓氏,同時亦獲得了遺產的繼承權。法院最後於 1974年判決宣布,畢卡索名下財產與畫作平分給 4 位兒女。

其實,不只有錢人家如此,由於未立遺囑,使得家族爭產的風波,也常發生在市井小民身上,尤其是繼承人很多時。所以每一個人都必須了解《民法》親屬及繼承相關的重要法律規定,這樣不但可以保障自身權益,也可以避免不必要的法律風險。

怎樣算一親等?從己身所出,己身所從出

遺產的繼承,關鍵就在這句話:「從己身所出,己身所從出。」也就是說,自己親生的小孩算一親等,自己是親生父母所生的,親生父母也算一親等。

《民法》第 967 條及第 968 條規定,己身所從出或從己身所出,即是直系血親;與己身出於同源之血親,即是旁系血親。而血親親等之計算,從己身往上或往下數之直系血親,以一世為一親等;旁系血親則是從己身往上數至同源之直系血親,再往下數至欲計算親等之血親,以其總世數為親等之數。

舉例來說,叔叔是幾親等?從右頁圖表 2-1 可以看出,每一個親生關係都算一親等,所以從自己算起,與父親之間是一親等,與祖父之間是二親等,與叔叔的關係是三親等。

圖表 2-1　叔叔是幾親等？

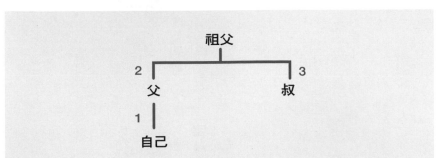

　　婉君表妹又是幾親等？再從下頁圖表 2-2 可知，表妹對自己來說，算是四親等。鑑於優生學及善良風俗考量，《民法》規定直系血親及直系姻親不得結婚，旁系血親在六親等以內、旁系姻親在五親等以內且輩分不相同者，也不得結婚。雖然小說裡的婉君表妹非常美麗，但不論你們多麼相愛，依法還是不能結婚生育子女。

誰是你的法定繼承人？有 4 個順位

　　我每次演講時，最常問臺下聽眾：「你的財產的繼承第一順位是誰？」聽眾多半會回答：「配偶。」錯！其實正確答案是：配偶與直系血親「卑」親屬要共同分配。顯然多數人的觀念皆不正確。

　　俗話說：「夫妻同心，其利斷金。」以《民法》的邏輯來說，

圖表 2-2　家族親等圖

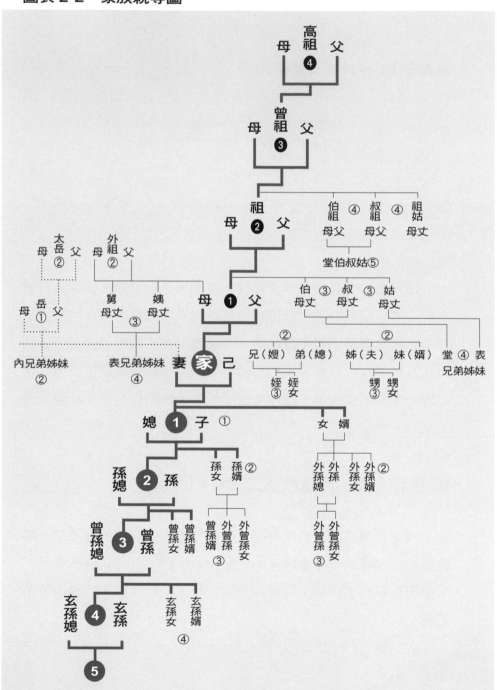

財產是夫妻兩人同心創造出來的，所以繼承開始時（被繼承人死亡時），有合法結婚且未終止夫妻關係的配偶是「當然繼承人」，所以配偶沒有繼承順序的問題，**不論哪一順位的繼承人，都必須跟逝者的配偶共同分配財產。**

依據《民法》第 1138 條規定，遺產繼承人除了配偶之外，繼承順序從第一到第四順位稱為血親繼承人。因為有先後順序，所以當有前一順位繼承人時，後一順位的繼承人就沒有繼承權。血親繼承人包含：

1. 第一順位：直系血親卑親屬。包括：婚生子女、經過合法收養的養子女、非婚生子女。以親等近者為先，因此若子女已繼承財產，那孫子女就沒有繼承權。要特別提醒一點，**非婚生子女對生母直接有繼承權，對生父則必須經過認領或撫育才有繼承權；另外，繼子女亦無繼承權。**

2. 第二順位：父母。當沒有第一順位繼承人時，才開始由父母繼承，包括親生父母與養父母。

3. 第三順位：兄弟姊妹。若沒有第一順位、第二順位的繼承人時，包括同父同母的兄弟姊妹、同父異母或同母異父的兄弟姊妹、養兄弟姊妹，就可以繼承你的財產。

4. 第四順位：祖父母。當沒有第一、第二及第三順位繼承人時，包括祖父母、外祖父母、養父母之父母才可以繼承。

　　如果以上都沒有人可以繼承，遺產就會收歸國庫。所以假設你沒有兄弟姊妹、沒有結婚，也沒在外面偷生小孩，祖父母、父母也都已經過世，你留下的財產便會收歸國庫。

　　如果不想被國家沒收，是否可以自由指定自己的遺產由誰繼承？依照《民法》第 1187 條規定，答案是：可以。做法就是生前寫好遺囑或訂立信託。

　　近年國內高齡化及少子化已成趨勢，未來落入上述狀況的人會越來越多。若最後不想把遺產全送給政府的話，提早準備節稅的布局，便顯得特別重要。

非婚生子女有繼承權嗎？

　　以上皆是在有合法婚姻的前提下，繼承權原則上沒什麼爭議。然而，若是在當事人（被繼承人）死亡後，才發現其另有非婚生子女，即極有可能出現爭產糾紛。如經營之神王永慶去世後，社會才驚訝的發現，他有四房太太，還遺有 3 名非婚生子女一脈。換句話說，經營之神的 12 個小孩，可能全都是「非婚生」子女（即是父母沒有結婚所生下的小孩），而第四房的 3 名子女，若來不及在王永慶生前辦妥領養、認祖歸宗的程序，就得靠法律來替自己爭取權益。

　　在財產之爭訟中，到底非婚生子的地位及繼承權益如何？以下就依照臺灣的法規來討論此案情況：

1. 非婚生子女之推定、準正、認領

依照《民法》第 1061 條，「婚生子女」是指在婚姻關係中受胎而生之子女。例如本節開頭提到的瑪雅，並非生父畢卡索與生母沃爾特在婚姻關係之下受胎而生，因此是畢卡索的「非婚生子女」。

但如果生父與生母後來結婚了，即可依《民法》第 1064 條規定視為婚生子女，也就是傳統說法中的「先上車後補票」，即為非婚生子女之準正。又或即使生父母沒有結婚，但經過生父認領，亦可依《民法》第 1065 條第 1 項視為婚生子女、取得繼承權，**若生父未認領，則無繼承權。反觀非婚生子女與生母的關係，視為婚生子女，無須認領。**

雖然瑪雅的生父母沒有結婚，但其實她從小接受生父撫育，即使沒有經過生父認領，她也可以依《民法》第 1067 條向生父提起認領之訴（強制認領）。

2. 非婚生子女之稱姓

畢卡索的其中一位情婦，透過法律途徑讓自己的子女獲得了畢卡索的姓氏，然而，「姓氏」這件事到底重不重要？雖然其價值無法用金額衡量，但從家族主義情感或社會地位、名譽等無形資產觀點來看，可能都有其實益。

至於要如何獲取生父姓氏？原則上須經生父認領者才有可能。依《民法》第 1059-1 條規定，**非婚生子女從母姓**。經生父

認領者，子女仍可變更從父姓或母姓。在臺灣幾次修法後，子女的稱姓已朝向「子女最佳利益」原則，讓子女於成年後，可以取得姓氏變更選擇權。

臺灣曾統計，出生嬰兒中，非婚生就占了近 5％，而且逐年上升。身為非婚生子女，這種宿命非己所願，但社會及法律卻鮮少還給他們一個公道。若是父親生前未做好領養手續，眾多非婚生子女更得透過漫長的司法，才能取得自己應有的權益。畢卡索可能沒有料想到，在他走後帶來的風風雨雨，再次提醒我們生前擬定遺囑及財產規畫的重要。

 ## 節稅條文看這裡

《民法》第 1059 條：

1. 父母於子女出生登記前，應以書面約定子女從父姓或母姓。未約定或約定不成者，於戶政事務所抽籤決定之。

2. 子女經出生登記後，於未成年前，得由父母以書面約定變更為父姓或母姓。

3. 子女已成年者，得變更為父姓或母姓。

4. 前二項之變更，各以一次為限。

《民法》第 1067 條第 1 項：有事實足認其為非婚生子女之生父者，非婚生子女或其生母或其他法定代理人，得向生父提起認領之訴。

遺產與贈與的節稅細節

● 遺產是由配偶與子女共同繼承，非婚生子女只能繼承媽媽的遺產，爸爸的遺產則須經過父親認領或撫育，才有繼承權。繼子女沒有繼承權。

● 有前一順位繼承人時，後一順位的繼承人就沒有繼承權，例如：逝者有配偶及子女（第一順位）時，父母（第二順位）就不能繼承遺產。

第 2 節
遺產不是功夫技藝，
不能只傳子不傳女

　　金馬影帝陳松勇於 2021 年 12 月 17 日因腎衰竭病逝，享壽 80 歲，據媒體報導，陳松勇留下約莫新臺幣 5,000 萬元左右的遺產。因為他一生未婚、無子女，晚年生活多倚賴印尼籍看護照應，媒體形容，陳松勇對看護視如己出，兩人關係情同父女，所以生前決定死後分給看護 200 萬元遺產，讓她可以回國置產，感念其照顧之情。然而，陳松勇的兩位弟弟一度對他的遺產分配有所質疑。

　　陳松勇的二弟陳翁欽曾到靈堂痛哭，此舉讓這位印尼籍看護不解，因為 8 年來她從沒看過二弟出現。而導演吳念真在陳松勇的告別式上指出，陳松勇的遺產將按他的遺願給看護一筆手尾錢，也會捐給公益團體。

　　若陳松勇有立遺囑，且不想把遺產留給兄弟，但依照特留分規定，他未婚無妻小，長輩也可能皆已過世，依照繼承順位即輪到兄弟繼承，所以他的兩位弟弟還是能拿到遺產的 1/6，相當於

八百多萬元（5,000 萬元 × 應繼分 1/2×1/3）。若沒預立遺囑的情況，就能拿應繼分，兩個弟弟可各拿 1/2，約 2,500 萬元。

圖表 2-3　陳松勇的 5,000 萬元遺產如何分配？

有無遺囑	看護可分得遺產	兩位弟弟可分得遺產	捐給公益團體
有遺囑	200 萬元	特留分 1 人約 833 萬元（5,000 萬 ×1/2×1/3）	分給看護及弟弟後的餘額約 3,100 萬元
無遺囑	0 元	應繼分 1 人 2,500 萬元（5,000 萬元 ÷2）	0 元

什麼是特留分？什麼是應繼分？

什麼是特留分？顧名思義，就是「特別」為你留的那一份遺產。根據《民法》規定，關於繼承有兩個名詞，一個是應繼分，另一個是特留分。

應繼分則是指「應該」為你留的那一份遺產，也就是按照繼承人的人數計算，每個人可以獲得遺產的比例，比方說有 3 個第一順位的繼承人，那麼每個人的應繼分就是 1/3。

應繼分的規定，是被繼承人，也就是過世的人對於遺產未做任何意思的分配期間，為了讓遺產公平分配，《民法》特別規定共同繼承時，每一個繼承人可獲得遺產的比例。這個比例又再因 5 種情況，而有所不同：

　　1. 若被繼承人只有配偶，沒有小孩，當然由配偶全得遺產；如果被繼承人沒有配偶，則由該順位的繼承人平均分配。

　　2. 被繼承人有配偶及子女，應繼分由配偶和子女均分。

　　3. 若配偶和父母共同繼承，則配偶先拿一半，其餘由父母平均分配。

　　4. 若由配偶和兄弟姊妹共同繼承，則配偶先拿一半，其餘由兄弟姊妹平均分配。

　　5. 若由配偶和祖父母共同繼承，則配偶先拿 2/3，其餘 1/3 由祖父母平均分配。

　　特留分則是法律對遺產繼承人的最低保障，除了第三順位的兄弟姊妹及第四順位的祖父母等繼承人的特留分是應繼分的 1/3

圖表 2-4　繼承人的應繼分與特留分之遺產比例

繼承順序	配偶	第一順位：直系血親卑親屬	第二順位：父母	第三順位：兄弟姊妹	第四順位：祖父母
應繼分	均分	均分			
	1/2		1/2		
	1/2			1/2	
	2/3				1/3
特留分	應繼分的 1/2	應繼分的 1/2	應繼分的 1/2	應繼分的 1/3	應繼分的 1/3

之外，其餘繼承人的特留分都是應繼分的 1/2。

　　然而，被繼承人有權依照對每位繼承人的偏愛程度，事先訂立遺囑，分配財產，只是訂立的遺囑不可違反特留分的規定，也就是要給予每位繼承人最低限度的保障，所以如果被繼承人生前訂立的遺囑侵害到繼承人的特留分（分配太少），該繼承人則可向其他繼承人或受遺贈人主張遺產中的特留分。

　　A 君有配偶及 1 男 3 女共 4 名子女，他在病危時立下遺囑，表示要將遺產 1,500 萬元全部留給兒子，被 3 名女兒質疑遺囑的法律效力，提出遺囑無效訴訟。若是法院判定無效，其遺產 1,500 萬元應為配偶及 4 名子女平均分配，也就是每個人的應繼分為 300 萬元（1,500 萬元÷5＝300 萬元）；若是法院判決遺囑有效，也不會是由兒子單獨繼承，法律會保障其配偶及其他 3 位女兒的特留分權利，每人 150 萬元（應繼分 300 萬元×1/2＝150萬元），兒子將分得 900 萬元。由此可知，在預立遺囑及遺產分配，必須考量特留分的議題。

我不想「特別」留給你，可以嗎？

　　特留分的計算基礎是應繼分，而應繼分的計算基礎則是整個遺產。若想要讓某個繼承人（例如從不回家探望的兒子、很敗家的女兒）少拿一些，最簡單方式就是想辦法降低整個遺產總額。

　　例如，可以透過生前贈與的方式，讓財產的一部分先給某些

A 君的遺產分配結果整理

　　A 君遺產為 1,500 萬元，繼承人包括配偶及 4 名子女，共 5 人。依照 A 君的遺囑內容，指明由兒子單獨繼承，及法律對於特留分之規定，綜合整理 A 君的遺產分配應如下：

● 應繼分為 5 位繼承人平均分配，即是 1 人 300 萬元。
　（1,500 萬元 ÷5 ＝ 300 萬元）

● 特留分為應繼分的 1/2，即是 1 人 150 萬元。
　（300 萬元 ×1/2 ＝ 150 萬元）

● 兒子之外的 4 位繼承人特留分合計 600 萬元。
　（150 萬元 ×4 ＝ 600 萬元）

● 兒子至少獨得 900 萬元。
　（1,500 萬元－ 600 萬元＝ 900 萬元）

你想給的人。但要特別注意《民法》第 1148-1 條第 1 項的規定，繼承人在開始繼承的前 2 年之內，若被繼承人有贈與其財產，該財產將被視為其所得遺產。也就是，若想要多給那些孝順的子

女，就要早一點給，別等到重病快不行時才來贈與。

另外一個方法可以規避特留分，即是如果能證明該繼承人有失去繼承權的事由，便能使得該繼承人自始就無法參與繼承。

《民法》第 1145 條第 1 項即規定喪失繼承權之各款情事，就是著名的「不孝子女條款」，若兒女惡意不扶養父母，出現重大虐待、侮辱或無正當理由不扶養，經父母以遺囑、書面、錄音、記錄影音等形式舉證後，該子女將不得繼承財產。

反過來說，當特留分受侵害時，繼承人也能爭取。不過要記得，依據《民法》第 1146 條第 2 項，必須在得知特留分被侵害起算 2 年間請求回復，或者是縱使繼承人不知道自己的特留分被侵害，也應該要在繼承開始時起 10 年內請求。

白髮人送黑髮人，怎麼繼承？

如果父親比爺爺先過世，孫子的應繼分又為何？首先，這跟代位繼承有關。依《民法》第 1140 條規定，逝者的直系血親卑親屬，在繼承前死亡或喪失繼承權，將由其直系血親卑親屬代其繼承。也就是說，如果父親比爺爺先身故，等到後來爺爺過世時，孫子可以藉由代位繼承的方式，繼承爺爺的遺產。

不過要注意的是，只有第一順位的繼承人有代位繼承的權利，被繼承人（爺爺）的兄弟姊妹、祖父母的直系血親卑親屬，都沒有代位繼承權。

以第 86 頁圖表 2-5 來說明，若父親死亡，原本兒子 A 未亡時，是由母親、兒子 A、女兒 B 及兒子 C 共同繼承父的遺產，應繼分為各 1/4。若是兒子 A 比父先死亡，母親、女兒 B 及兒子 C 還在世，依《民法》規定，由其直系卑親屬代位繼承，也就是孫子 D 及孫子 E 代位繼承原本兒子 A 的總份額（遺產的 1/4），故 1/4 的份額由孫子 D 及孫子 E 均分，各得到 1/8。

如果兒子 A 為了讓孫子 D 及孫子 E 提前繼承祖父的遺產，省去未來自己再繼承移轉給子女的過程中，需要繳交遺產稅，而向法院主張拋棄繼承，這種行為是在主張「代位繼承權」。但由於法定繼承人須於繼承前死亡或喪失繼承權，他的直系血親卑親屬才能行使代位請求權，因此，這種情況下孫子 D 及孫子 E 並沒有行使代位繼承權的權利，遺產依法只能由母親、女兒 B 及兒子 C 三人繼承。除非女兒 B 及兒子 C 也拋棄繼承，才有隔代繼承的效果。

繼承到債，父債子不用還

很多時候，這天上掉下來的遺產可能不是錢，而是債，若是繼承到債務，就會落入俗話說的：「父債子還。」

根據報載，有位中正大學研究所的何同學，父親過世，從小由爺爺扶養長大，後來爺爺也走了，那時才 23 歲的他，卻替過世的爺爺背負七千多萬元的債務。還有一個年僅 15 歲的國中生，

圖表 2-5　父親比爺爺先過世，孫子的應繼分為何？

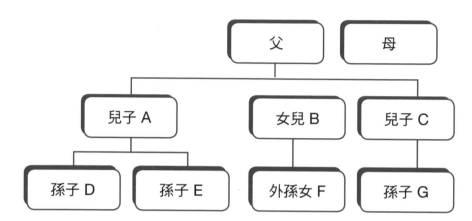

扛著過世母親三十多萬元的債務，平常依靠年邁的阿嬤幫人洗碗賺取學費，即使手受傷也得忍痛工作⋯⋯。

　　這種承接天上掉下來的債務的情況很常見，一家專職催討各種金融機構、電信業債務的大型資產管理公司指出，依照催收實例來看，主要債務人去世以後，有 8 成以上的親人不懂得「拋棄繼承」，而這些大都是經濟不佳、負債比資產多的弱勢家庭。

　　其實，親人去世後，發現當事人在外有負債時，《民法》有「拋棄繼承」及「限定繼承」的方式，供繼承人選擇。

　　《民法》在 2009 年修正繼承制度之前，原本為遺產概括繼承原則（按：指繼承人概括承受被繼承人財產上的一切權利和義務），修正後已將繼承改為全面性的限定繼承，即是生者對於逝者的債務，以繼承所得遺產為限，超出遺產額度之外的債務無須

負責，因此，就不再有父債子還的情形發生。

而拋棄繼承，則是繼承人完全不能繼承遺產。會評估是否辦理拋棄繼承的狀況，除了債務原因之外，通常就是前面提到的「隔代繼承」的稅務規畫。

必須注意的是，**聲請拋棄繼承，須在知道可以繼承時起算 3 個月內，向被繼承人死亡時住所地的地方法院，提出拋棄繼承聲請狀及相關資料**（被繼承人除戶戶籍謄本及死亡證明書、拋棄繼承人之戶籍謄本、繼承系統表、已通知因其拋棄應為繼承之人之證明、印鑑證明、印鑑章等文件），**若逾期未聲請則表示放棄該項權利，事後不得以任何理由再向法院提出聲請。**

繼承權不可預先拋棄

有個長輩朋友因為很氣兒子的某些事情，曾經要求對方回家簽遺產拋棄繼承，因為她一毛錢都不想留給他。我馬上提醒長輩：「繼承權是不能預先拋棄的，就算妳現在逼兒子簽了，以後也沒法律效益，而且他還是有特留分。」她才打消念頭。

也有些是因為父母偏心或傳統觀念重男輕女，而要求女兒拋棄繼承，曾經有女性朋友跑來請教我，她媽媽希望將來把財產都留給弟弟，暗示她拋棄繼承，讓她非常難過。但其實，**即便她在父母生前就先簽署了拋棄繼承的書面同意書，也沒有法律效用**，因為父母還沒過世，子女怎麼會知悉繼承之事？因此繼承權

是不能預先拋棄的。

　　若真要順應媽媽的意思，我的朋友就必須在父母過世後，才去法院辦理拋棄繼承，或是父母透過生前預立遺囑來自由分配遺產，不過她仍然有特留分的權利。

　　你或許會問，如果都沒有子女，也沒有父母、手足、祖父母，那債務會由誰負責？原則上，根據《民法》規定，「無繼承人承認繼承時，其遺產於清償債權並交付遺贈物後，如有賸餘，歸屬國庫。」因此，無人繼承的遺產將由國庫接收，債務也依遺產範圍內清償債務。

 節稅條文看這裡

《民法》第 1148 條：

　　1. 繼承人自繼承開始時，除本法另有規定外，承受被繼承人財產上之一切權利、義務。但權利、義務專屬於被繼承人本身者，不在此限。2. 繼承人對於被繼承人之債務，以因繼承所得遺產為限，負清償責任。

《民法》第 1153 條：

　　1. 繼承人對於被繼承人之債務，以因繼承所得遺產為限，負連帶責任。2. 繼承人相互間對於被繼承人之債務，除法律另有規定或另有約定外，按其應繼分比例負擔之。

節稅小百科

繼承人避不見面，就可用協議分割遺產

　　郝媽媽過世後留下一筆遺產，而她的 4 個孩子中，偏偏有 1 個對遺產的繼承和分配不滿意，堅持不跟兄弟姊妹見面協調，讓其他人大傷腦筋。

　　如果郝媽媽有遺囑，即遵照遺囑辦理，若沒有，繼承人可依協議分割遺產。若她的子女間協議談不攏，只好依法定繼承人的應繼分處理，遺產應平均分配給 4 位小孩。

　　然而，有幾種狀況比較麻煩。由於只要遺產不過戶登記到各繼承人名下，所有遺產皆無法管理與處分，所以有些繼承人為了取得較佳的談判條件，故意拒不出面處理，或遲遲不肯在遺產分割協議書上簽名，造成其他人的困擾。

　　另外，依法應於被繼承人死亡後 6 個月內申報遺產稅，不然會被罰，以及死亡之日起 6 個月內，向地政事務所辦理繼承登記，若逾期未聲請，亦會處罰款。但有些人以為逕自提領屬於自己均分部分的存款、或賣掉股票或不動產就好了，小心此舉會有偽造文書的疑慮。

　　當遇到有繼承人失聯、拒不出面、遺產分配談不攏時，最後可透過法院訴請裁定遺產分割，通常法院即可依照《民法》的應繼分原則裁定。拿到法院判決書或裁定書後，便能憑此文件就自己的應繼分部分，向各單位申請繼承登記。

節稅小百科

非婚生子女是否也有特留分的保障？

若是遺囑人有非婚生子女，經取得或確認有繼承權後，他們也有特留分的保障。

假設某位男子身故後，留有配偶及 1 子 1 女，二房育有 2 女，另有父、母、兄、弟、妹、祖母、外祖父。如果該男子的遺產扣稅後有 2.7 億元，該男子的繼承人應繼分與特留分如下方圖表 2-6 所示。也就是，只要是子女，不管是哪一房生的都有繼承權，而配偶就只有法定配偶才有繼承權。

圖表 2-6　2.7 億元的遺產該怎麼分配？

繼承情況	應繼分	特留分
配偶＆直系血親卑親屬	每人 5,400 萬元	每人 2,700 萬元
配偶＆父母	配偶 1.35 億元 父母每人各 6,750 萬元	配偶 6,750 萬元 父母每人各 3,375 萬元
配偶＆兄弟妹	配偶 1.35 億元 兄弟妹每人各 4,500 萬元	配偶 6,750 萬元 兄弟妹 1,500 萬元
配偶＆祖父母	配偶 1.8 億元 祖父母各 4,500 萬元	配偶 9,000 萬元 祖父母各 1,500 萬元

遺產與贈與的節稅細節

● 配偶有直接繼承遺產的權利，不列入法定繼承順位之中，且只有法律上的配偶才有繼承權，二房、三房太太等無法律上的婚姻關係，不算是配偶，也就無繼承權。

● 遺產有特留分保障，若特留分被侵害，可在得知被侵害起算的 2 年內請求回復；若從來不知特留分被侵害，則應在繼承開始起算的 10 年之內請求回復。

● 拋棄繼承必須在得知可以繼承時起算的 3 個月內提出聲請，逾期未提出就表示放棄拋棄的權利，不能以任何理由再提出聲請。

● 拋棄繼承必須在逝者已過世後才能提出，逝者未過世前就先簽署的拋棄繼承同意書，並無法律效力。

第 3 節

有效遺囑有 5 種，
意識不清才寫恐無效

　　傳奇藝人「貓王」艾維斯・普里斯萊（Elvis Presley）的女兒麗莎・瑪麗・普里斯萊（Lisa Marie Presley）於 2023 年 1 月離世，她曾將財產成立信託，指定由她的母親及前經紀人作為聯合受託人，在她過世後代為管理遺產。

　　但麗莎・瑪麗在 2016 年時修改過信託內容，將母親及前經紀人除名，改由她的兩個兒子繼承信託的財產。她的母親提出訴訟，不承認這份新的遺囑，因為新遺囑把她的名字拼錯了，而且麗莎・瑪麗的簽名也跟她平時簽的樣式不一樣。這份修改後的遺囑最後判決若是無效，麗莎・瑪麗的母親就能繼續管理信託財產，而這可是筆龐大的利益。

　　遺囑發生問題的還有吳老先生，他未婚、無子女，只有認一名乾女兒，但未經合法收養。乾女兒長年照顧吳老先生的生活起居，後來吳老先生罹病住院，預料自己不久於人世，他感念乾女兒的照料，所以立了遺囑，希望死後能將財產留給她，但其所

做的代筆遺囑竟遭法官判定無效。為什麼會這樣？怎樣的遺囑才是有效？

首先，《民法》第 1186 條規定，立遺囑人須在遺囑作成時年滿 16 歲，且非無行為能力者。再來，立遺囑的法定方式有 5 種：自書遺囑、公證遺囑、密封遺囑、代筆遺囑、口授遺囑。寫遺囑時記得一定得遵守法條的規範，一旦違反則遺囑無效。

圖表 2-7　張榮發的遺囑

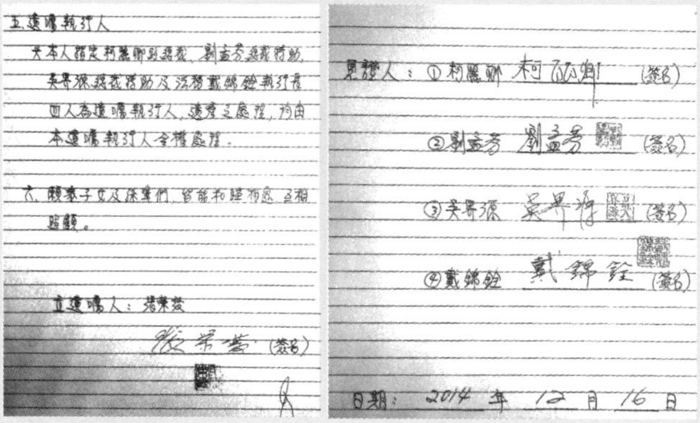

五、遺囑執行人

茲本人指定柯麗卿副總裁、劉孟秀總裁特助、吳界源總裁特助及法務戴錦銓執行長四人為遺囑執行人，遺產之處理，均由本遺囑執行人全權處理。

六、願妻子女及孫輩們，皆能和睦相處，互相照顧。

立遺囑人：張榮發

（簽名）

見證人：①柯麗卿（簽名）

②劉孟秀（簽名）

③吳界源（簽名）

④戴錦銓（簽名）

日期：2014 年 12 月 16 日

資料來源：《中天新聞》。

圖表 2-7 是張榮發遺囑中簽名部分，你覺得這是哪種遺囑？

由於遺囑製作的方式，對照遺囑中張榮發的簽名與內容字跡似乎不同，內容可能不是張榮發親筆書寫，而是由他人代筆，而且有 4 位見證人簽名，如此一來可以判斷該份不是自書遺囑，可能是代筆遺囑或密封遺囑。

由於遺囑是在寫遺囑的人（通稱為遺囑人）死亡後才生效，有時難以證實遺囑內容到底是真是假，因此對於遺囑的呈現，《民法》規定以下 5 種遺囑形式才有效，除此之外的通通無效：

1. 自書遺囑

必須自己親筆寫下遺囑全文，註明年月日，並親自簽名，若有增減、塗改，應註明增減、塗改之處所及字數，且都須另外再簽名。

自書遺囑的優點為較便利，隨時可以書寫及修改，且費用最低。但缺點就是常有偽造及變造的爭議。

2. 公證遺囑

是指經由公證人公證的遺囑。必須指定 2 人以上的見證人，在公證人前口述遺囑內容後，須由公證人筆記、宣讀、講解，並經過遺囑人認可。遺囑人、見證人及公證人都必須簽名。遺囑人不能簽名時則按指印，並由公證人記明無法簽名的事由。

公證遺囑因為有公證人協助辦理，優點是通常遺囑瑕疵較少，證據能力最強。但缺點就是須準備財產證明、額外花時間精力來配合公證人，並且又要依財產內容計算公證費用。

3. 密封遺囑

由自己或他人代寫遺囑，密封後向公證人提出，必須有 2

人以上見證，遺囑人、見證人及公證人應皆在密封處簽名。如非本人自行書寫，應陳述繕寫人的姓名及住所。公證人應於封面記名該遺囑所提出的年月日，以及遺囑人所為之陳述。

密封遺囑的優點為隱密性最高，但由於簽名次數及位置皆有所要求，容易因欠缺而無效，就會變成自書遺囑。

4. 代筆遺囑

由遺囑人口述遺囑，由其中 1 名見證人筆記、宣讀、講解，並經過遺囑人認可後，由代筆人記名年月日及代筆人姓名，而且必須指定 3 人以上的見證人在場。見證人全體及遺囑人同行簽名，遺囑人不能簽名時，應按指印代之。

代筆遺囑的優點為遺囑人不用親自書寫，但缺點為容易有過程要件欠缺的問題。

5. 口授遺囑

因生命危急或其他特殊情形，不能依其他方式為遺囑時，可以指定 2 人以上的見證人在場，遺囑人口述意旨，由其中 1 名見證人作成筆記，或由見證人全體口述遺囑之為真正與見證人姓名，全程錄音後當場密封，並記名年月日，見證人全體於封縫處同行簽名。

注意，自遺囑人能依其他方式立遺囑之時起算，3 個月後這份口授遺囑即失去效力。並且，見證人中之 1 人或利害關係人，

圖表 2-8　法定遺囑的 5 種形式

遺囑種類	區隔	簽名	見證人	公證人
自書遺囑	本人親自書寫	本人親自簽名	非必要	非必要
公證遺囑	必須經過公證	1. 本人簽名或按指印 2. 見證人、公證人全體皆要簽名	必要，而且須 2 人以上	必要
密封遺囑	必須在遺囑密封後，經由公證人及見證人簽名	1. 本人於遺囑以及密封處簽名 2. 見證人、公證人全體於封面簽名	必要，而且須 2 人以上	必要
代筆遺囑	不是本人親自書寫，而由見證人之一代筆	1. 本人簽名或按指印 2. 見證人全體簽名	必要，而且須 3 人以上	非必要
口授遺囑（緊急）	見證人代筆	見證人全體簽名	必要，而且須 2 人以上	非必要
	本人及全部見證人口述錄音	錄音帶密封，見證人於封縫處簽名	必要，而且須 2 人以上	非必要

須於遺囑人死亡後的 3 個月內，將該口授遺囑提至親屬會議認定其真偽。

　　口授遺囑的優點為在急迫時可使用，但缺點為較不周全，且緊急狀況解除後 3 個月即失效。

　　以上 5 種遺囑方式，所有在場人含遺囑人都須簽名，並註明年月日，若是遺囑人無法簽名，則應按指印代替。

　　另外，也不是任何人都可以作遺囑見證人，依據《民法》第

1198 條，未成年人、繼承人及其配偶或其直系血親、受遺贈人及其配偶或其直系血親、受監護或輔助宣告者，皆不得當遺囑見證人。還有，由於立遺囑人容易受公證人意思所左右，遺囑內容很難可以期待是正確的，所以該遺囑的公證人或代行公證職務人的同居人、助理人、受僱人，不得就同一遺囑成為見證人。

回到吳老先生的遺囑問題，這份遺囑被判決無效，原因在於，遺囑人吳老先生無法以口語方式完整表達遺囑內容，是由律師貼近遺囑人，透過其氣音、單詞、手勢或點頭、搖頭等動作，完成該份遺囑，並非吳老先生全程親自口述，所以無法確認他之真意是否與律師轉述之內容相同。

此外，見證人事實上並未聽到吳老先生陳述遺囑之內容，自然無從見證該遺囑內容是否出自其真意。故該遺囑被法院判定不符《民法》第 1194 條規定的，**代筆遺囑須由遺囑人在所指定 3 人以上之見證人，均始終親自在場聽聞其親自口述遺囑意旨下為之，遺囑人並須以言語口述，不得以其他舉動表達。**

由此案件來看，法律上對於立遺囑的方式採取嚴格的要式主義，必須符合法律上的要求，否則即使立了遺囑，將來有爭議時仍可能會被判無效。

而一旦立了遺囑，以後都不可以再更改嗎？當然不是，依據《民法》第 1219 條規定，即使已經立了遺囑，在生前還是可以隨時改變。

遺囑內容可以跟財產分配無關嗎？

遺囑除了可以說明遺產的分配方式，亦可要求有關親人或繼承人，依照其意思處理身故後的各種事宜，以及進行器官或大體捐贈等，或是對親人的一些想法或願望。

其他還可以交待身分性的相關身後事務，像是認領非婚生子女、指定遺囑執行人及監護人等。也可以使某繼承人喪失繼承權，例如某位繼承人因為有重大虐待或侮辱情事，就可以在遺囑中說明及舉例。

其中一項非財務分配的事項，就如指定企業接班人，以張榮發的遺囑為例，他所留遺囑上載明：「本人之存款及股票全部由四子張國煒單獨繼承」、「不動產，全部由四子張國煒單獨繼承」、「本人百年之後接班人為：四子張國煒接任集團總裁」。

但必須提醒，雖然遺囑裡表明了希望的企業接班人選，然而仍應考量《公司法》的規定，一家公司的總裁位子，係由股東大會依多數表決權選出董事及監察人，進而選出董事長，再由董事長及董事會決定誰擔任經理人（總裁）一職。換句話說，遺囑雖然可以依照自己的意旨來寫，然而，真的要讓後代確實執行，還需要更多的生前布局。

此外，遺囑也可以交待病危時的醫療行為，像是皇冠文化集團創辦人平鑫濤曾在寫給子女的信中交代，假如自己未來病重時應該採取的醫療方針。只是後來仍因為瓊瑤與平家子女對於「病

危」的認知不同，而引發是否應該讓平鑫濤插鼻胃管的爭議，看來想要在遺囑裡表明自己病危時不插管，也不是件容易的事。

最後，遺囑內容除了應留意前篇講的特留分規定之外，千萬別忘了**將有寫遺囑這件事及存放的位置告訴值得信賴的人**，請對方幫忙處理你想要完成的事情。而且，為了確保有人能確實執行你的遺願，還可以在遺囑中將此人列為遺囑執行人。

法律條文看這裡

《民法》第 1194 條：代筆遺囑，由遺囑人指定三人以上之見證人，由遺囑人口述遺囑意旨，使見證人中之一人筆記、宣讀、講解，經遺囑人認可後，記明年、月、日及代筆人之姓名，由見證人全體及遺囑人同行簽名，遺囑人不能簽名者，應按指印代之。

《民法》第 1198 條：下列之人，不得為遺囑見證人：

一、未成年人。

二、受監護或輔助宣告之人。

三、繼承人及其配偶或其直系血親。

四、受遺贈人及其配偶或其直系血親。

五、為公證人或代行公證職務人之同居人助理人或受僱人。

《民法》第 1219 條：遺囑人得隨時依遺囑之方式，撤回遺囑之全部或一部。

遺產與贈與的節稅細節

● 當事人無法親自書寫遺囑時，必須以言語口述，不可以其他
　動作如手勢、點頭、搖頭等表示遺囑內容。

● 遺囑內容雖可指定企業接班人，但以《公司法》規定，公司
　總裁是由股東選擇之董事長及董事會決定，無法單純以遺囑
　指定，若想要依自己意旨決定接班人，就須提早布局。

● 口授遺囑是在立遺囑人因生命危急，或其他特殊情況，無法
　以其他方式立遺囑時才採取的形式，但在立遺囑人情況好
　轉，可用其他方式立遺囑時起算3個月後，這份口授遺囑即
　失去效力。

第 4 節
如果你有房有地有股票，這篇務必仔細看

　　雖然有配偶的人財產約 2,000 萬元以下不用擔心遺產稅，但房子、股票、保險怎麼合併計算？

　　遺產稅和個人申報所得稅一樣，也有免稅額與扣除額。依《遺產及贈與稅法》第 18 條規定，被繼承人如為經常居住中華民國境內之中華民國國民，自遺產總額中減除免稅額 1,333 萬元；其為軍警公教人員因執行職務死亡者，加倍計算，即 2,666 萬元，申報時要檢附死亡時服務機關出具的執行任務死亡證明。被繼承人如為經常居住中華民國境外之中華民國國民，或非中華民國國民，其減除免稅額比照辦理。

　　扣除額則依《遺產及贈與稅法》第 17 條、第 17-1 條規定，有 12 種可以自遺產總額中扣除，免徵遺產稅的情形，可見下頁圖表 2-9。

圖表 2-9　遺產稅免稅額、扣除額

	項目	金額	注意事項
免稅額	一般被繼承人	1,333 萬元	
	軍警公教人員因公死亡	2,666 萬元	
扣除額	1. 配偶	493 萬元	拋棄繼承權者不得扣除、限境內居住者
	2. 父母	123 萬元	
	3. 直系血親卑親屬（未滿 18 歲者每年再加扣金額）	50 萬元	
	4. 重度身心障礙者	618 萬元	
	5. 受扶養兄弟姊妹（未滿 18 歲者每年再加扣金額）、祖父母	50 萬元	
	6. 農地農用（土地及地上農作物價值）	公告現值全部	限境內居住者
	7. 死亡前 6～9 年內繼承之財產已納遺產稅者	按年遞減 20%	
	8. 喪葬費用	123 萬元	限境內發生
	9. 負債：死亡前未償之債務（含稅捐、罰款）	有證明者	
	10. 執行遺囑及管理遺產必要費用	全部	
	11. 公共設施保留地	公告現值	
	12. 剩餘財產差額分配請求權（少者）	夫妻財產之差額 ÷2	

1. 配偶、父母、直系血親卑親屬

　　被繼承人遺有配偶，可以從遺產總額中扣除 493 萬元。父母親仍健在的，每人可以扣除 123 萬元。遺有第一順序繼承人（如子女及代位繼承孫子女等），每人可扣除 50 萬元，其中有未成年人，可以按照其年齡距離屆滿成年的年數，每人每年加扣 50 萬元，不滿 1 年的以 1 年計算。注意，以上若繼承人拋棄繼承權就不能扣除。

　　假設 A 君死亡時遺有配偶、母親及已成年之子女 3 人，A 君遺產稅可列報扣除額為 766 萬元（配偶 493 萬元＋母親 123 萬元＋子女 50 萬元 ×3 ＝ 766 萬元）。

　　遇直系血親卑親屬有未滿 18 歲者，並得按其年齡距屆滿 18 歲之年數，每年加扣 50 萬元。舉例來說，假設 B 君有 2 位子女，分別是 10 歲及 7 歲，依公式計算，10 歲的子女扣除額是 450 萬元（50 萬元＋〔18 歲─10 歲〕×50 萬元 ＝ 450 萬元），7 歲的子女可扣除 600 萬元（50 萬元＋〔18 歲─7 歲〕×50 萬元 ＝ 600 萬元）。

　　若是親等近者死亡，由次親等卑親屬繼承者時，由於死亡非故意行為，所以最後有多少直系血親卑親屬繼承，就能擁有多少份扣除額。

　　假設 C 君有 1 兒 1 女及 3 名已成年外孫，女兒死亡後，C 君的直系血親卑親屬為 1 兒及 3 名外孫，直系血親卑親屬部分的扣除額即為 200 萬元（50 萬元×4 ＝ 200 萬元）。

　　但若 C 君的女兒拋棄繼承，因為拋棄繼承是刻意的行為，扣除額以拋棄繼承前原得扣除之數額為限，也就是原本 1 兒 1 女各 50 萬元，共 100 萬元，與未拋棄繼承前相同。

2. 重度身心障礙者

　　配偶、直系血親卑親屬或父母如果是符合《身心障礙者權益保障法》所規定的重度以上身心障礙者、或《精神衛生法》所規定的嚴重病人，每人可以再加扣 618 萬元。但是**身心障礙者如果拋棄繼承，就不能扣除**。申報時要檢附社政主管機關核發之重度以上之身心障礙手冊或身心障礙證明影本，或《精神衛生法》規定之專科醫師診斷證明書影本。

　　延續 A 君的案例，假設 3 位子女當中有一位是重度的身心障礙者，那麼該名子女適用的扣除額合計是 668 萬（成年子女扣除額 50 萬元＋身心障礙扣除額 618 萬元＝ 668 萬元），合計該家庭可列報的遺產扣除額為 1,384 萬元（配偶 493 萬元＋母親 123 萬元＋子女 50 萬元 ×3 ＋子女身心障礙 618 萬元＝ 1,384 萬元），若是那名身心障礙子女拋棄繼承，其適用的扣除額就僅有 716 萬元（配偶 493 萬元＋母親 123 萬元＋子女 50 萬元 ×2）。

3. 受扶養兄弟姊妹、祖父母

　　被繼承人遺有受其扶養之兄弟姊妹、祖父母者，每人可以從

遺產總額中扣除 50 萬元。若兄弟姊妹當中有未滿 18 歲者，亦得按其年齡距屆滿 18 歲之年數，每年加扣 50 萬元。

　　所謂扶養，指的是該兄弟姊妹未成年，或已成年但因在校就學、身心障礙或無謀生能力，過去受被繼承人扶養；祖父母年滿 60 歲以上，或未滿 60 歲但因沒有謀生能力，過去受被繼承人扶養。但如果是繼承人，又拋棄繼承權者就不能扣除。

4. 農地農用

　　遺產中做農業使用的農業用地及其地上農作物，由繼承人或受遺贈人承受者，可扣除其土地及地上農作物價值全數的金額。

　　不過，**承受人從承受之日起 5 年內，未將該土地繼續作農業使用**，而且沒有在有關機關所令期限內恢復作農業使用、或雖在有關機關所令期限內已恢復作農業使用，而之後又發生沒作農業使用情事者，應追繳應納稅負。但如因該承受人死亡、該承受土地被徵收或依法變更為非農業用地者，則不在此限。

5. 死亡前 6～9 年內，繼承之財產已納遺產稅者

　　為避免同一筆財產因短期間內連續繼承，而一再課徵遺產稅，加重納稅義務人的負擔，所以規定就該等財產不計入遺產總額、或從遺產總額中按年扣除 20%，以減輕稅負。

　　也就是說，**被繼承人死亡前 5 年內所繼承的財產已納遺產稅者，不用將該繼承的財產計入遺產總額**。而被繼承人死亡前 6 年

至 9 年內，繼承的財產已納遺產稅者，按年遞減扣除 80％（前 6
年）、60％（前 7 年）、40％（前 8 年）、及 20％（前 9 年）。

　　舉例來說，假設 D 君的配偶於 2010 年 4 月 9 日死亡，他遺
有土地價值 2,500 萬元、房屋價值 200 萬元、存款 380 萬元，遺
產稅經核定並繳清後，土地及房屋由 D 君繼承。可是 D 君亦於
2011 年 9 月 23 日死亡，由於他繼承配偶的土地及房屋，是在他
死亡前 5 年內繼承，而且該繼承的財產已繳納遺產稅，因此全數
不計入遺產總額。

　　但如果 D 君是在 2016 年 2 月 23 日死亡，距離 D 君的配偶
離世已 6 年，因此 D 君繼承配偶的土地及房屋，屬於 D 君死亡
前 6 年內繼承的財產，而繼承的財產歸為 D 君死亡的遺產價值，
依他死亡當日的價值計算合計為 3,000 萬元，可以扣除 80％的
遺產總額價值，計算下來可扣除 2,400 萬元的遺產價額（3,000
萬元 ×80％ = 2,400 萬元）。

　　特別提醒，該項規定只適用於前次繼承時，已繳納遺產稅
的財產，若是前次繼承的財產尚未繳納遺產稅，則無法適用該減
免。另外，被繼承人如果是經常居住我國境外之我國國民，或非
我國國民，其死亡前 6 年至 9 年內繼承或受遺贈的財產，則不
適用前述扣除的規定。

6. 喪葬費用

　　被繼承人的喪葬費用，以 123 萬元計算。

曾有客戶問我，他父親往生所支付的喪葬費用共計 198 萬元，當他申報遺產稅時，可否憑實際支付的單據，全數列報為喪葬費扣除額？事實上，**被繼承人的喪葬費用是採定額扣除，就算是花了 198 萬元，也只能扣除 123 萬元**，因此納稅義務人在申辦遺產稅時，不需要檢附支付喪葬費用的相關憑證資料，而是直接以 123 萬元列報扣除就可以了。但假如被繼承人是經常居住在國外的我國國民或是外國人，那麼只有在我國境內發生的喪葬費才可以扣除。

7. 稅捐、罰鍰及罰金

被繼承人死亡前依法應納的各項稅捐、罰鍰及罰金，具有確實證明者即可扣除。例如，被繼承人死亡年度發生的地價稅與房屋稅，應按其生存期間占課稅期間的比例（地價稅課稅期間為每年 1 月 1 日至 12 月 31 日，房屋稅為每年 7 月 1 日至次年 6 月 30 日止），自遺產總額中扣除。

被繼承人死亡年度及以前年度的所得，以生存配偶為納稅義務人，其於被繼承人死亡日後繳納的綜合所得稅，屬於被繼承人所得的部分，**依公式計算屬被繼承人死亡前應繳而未繳納的綜合所得稅，應該自遺產總額中扣除**。

8. 債務

被繼承人死亡以前還沒有清償的債務，如果具有確實的債務

證明文件，可以從遺產總額中扣除，並在申報時填寫債權人的姓名（名稱）、住址、未償債務金額，並檢附確實的債務證明。

由於債務有多種，舉例說明如下：

- **向金融機構借款**：金融機構出具的借款期間、金額、資金支付情形，及截至被繼承人死亡時還沒有償還餘額有多少的證明文件。

- **私人借款債務**：應附上借據，原借款資金支付的情形（例如借貸雙方存摺影本，匯款單等），及債權人出具尚未清償的餘額證明。

- **標會債務**：應附上會單，標會會款交付的證明文件，被繼承人收受會款的證明文件（例如存入銀行，提示存摺影本），由國稅局查核認定。

- **票據債務**：應附上支票影本，以及支票在什麼時候向銀行請領的證明，前後支票號碼的兌領情形，開票原因等證明文件，由國稅局查核認定。

注意，如果在被繼承人重病無法處理事務期間所借的債務，繼承人必須說明這項債務發生的原因，並且證明所借資金的用途。如果不能證明債務發生的確實用途，那麼這項借款要列入遺產總額，不能列為扣除額。

9. 執行遺囑及管理遺產必要費用

　　執行遺囑及管理遺產之直接必要費用，全部皆可扣除，免徵遺產稅，惟以執行遺囑及管理遺產之直接必要費用為限，例如遺囑執行人或遺產管理人所收取的酬勞金等。然而，繼承人係依《民法》第 1148 條規定，承受被繼承人財產上一切權利及義務，其並非遺囑執行人或遺產管理人，尚無前揭規定之適用，是以繼承人委託代理人代辦繼承之各項費用（例如繼承人委託地政士代為申辦遺產稅及繼承登記之各項費用）不得列為管理遺產之直接必要費用。

　　也就是說，若逝者生前有指定遺囑執行人，代他執行遺囑內容的各項事務，或是有指定遺產管理人，在遺產還沒分配完成前代為管理遺產，支付給遺囑執行人或遺產管理人的費用，就可以列為扣除額。但若是繼承遺產者另外找律師或代書辦理遺產事宜，支付給律師或代書的費用就不能扣除。另外，如果逝者有成立遺囑信託（見第 4 章），若信託契約中有約定遺囑執行人或遺產管理人，或是辦理繼承事務時有委請遺產管理人，這樣信託費用中相關執行遺產管理的費用部分，也可以列為扣除額。

10. 公共設施保留地

　　繼承人若持有公共設施保留地，應附上土地所在地主管機關出具、記載都市計畫編訂日期的土地使用分區證明，以及是否為公共設施保留地，以便國稅局查核。

　　提醒，如果公共設施保留地在所有權人生前已公告徵收，但是到死亡時還沒有公告期滿，那麼這筆公共設施保留地仍然是被繼承人的遺產，免徵遺產稅。但如果在所有權人生前已經公告徵收確定，所領取的補償費到死時還沒有支用，或還沒有具領完畢的部分，應該屬於被繼承人的遺產，就這些留下來的數額或還沒領的金額申報課徵遺產稅。

　　舉例來說，假設劉先生於 2019 年 10 月死亡，遺產中有 1 筆在金山的公共設施保留地（簡稱公設地），其公告現值為 1,000 萬元。金山這筆公設地在 2019 年 9 月已經被政府公告徵收，但是直到 2019 年劉先生死亡後，仍然還沒公告徵收期滿，所以這筆金山公設地的公告現值 1,000 萬元便可列為扣除額。

11. 主張剩餘財產差額分配請求權

　　依照我國《民法》規定，適用法定財產制的夫妻，可以在「法定財產制關係消滅」後，包括離婚或一方配偶死亡，依據《民法》第 1030-1 條規定主張「夫妻剩餘財產差額分配請求權」。簡單來說，就是剩餘財產金額較少的一方，可以向剩餘財產金額較多的一方，提出請求兩人剩餘財產差額一半的權利，目的在於保護婚姻中經濟弱勢的一方。

　　而夫妻剩餘財產差額分配請求權為遺產稅扣除額項目之一，不論是夫或妻，只要是剩餘財產較多的一方先過世，生存的一方便能主張行使權利，節省遺產稅。計算公式如下：

扣除金額（請求金額）＝雙方剩餘財產（婚後淨資產一無償取得金額）之差額 ÷2

例如某對夫妻中，丈夫的剩餘財產有 1,500 萬元，妻子有 2,000 萬元，當妻子過世，丈夫就可以取得 250 萬元（〔2,000 萬元一1,500 萬元〕÷2 ＝ 250 萬元）的剩餘財產差額請求權，該 250 萬元列為被繼承人遺產之扣除額。

依現行遺產稅率10%～ 20%來看，形同節稅 25 萬元～ 50 萬元；又妻子的遺產淨額（假設其他免稅額及扣除額暫先忽略不計）少於 5,000 萬元，遺產稅率以 10%計，節稅金額為 25 萬元（250 萬元 ×10%）。

前英業達集團副董事長溫世仁過世時，初步估計應納遺產稅高達五十餘億元，當時他的夫人主張剩餘財產差額分配請求權，所以遺產總額扣除請求權分配的金額後，省下了巨額遺產稅。

特別注意的是，在第 104 頁圖表 2-9 這 12 項扣除額當中，被繼承人若為經常住在國外的中華民國國民，或非中華民國國民者，不適用於第 1 項至第 7 項之規定。另外，**第 8 項至第 10 項的扣除規定，以在中華民國境內發生者為限**。如果繼承人當中有拋棄繼承權者，不適用第 1 項至第 5 項的規定。

過去曾有一位王董在申報遺產稅案件時，主張被繼承人生

前曾以其股票向第三人質押借款,列報為被繼承人死亡時未償債務,並從遺產總額中扣除。然而,納稅義務人檢附被繼承人於東南亞某國與第三人簽訂的借款契約,雖然已經過該國政府的公證人認證,但債務發生地是在國外,而不是在本國境內,不符《遺產及贈與稅法》規定,被國稅局拒絕自遺產總額中扣除。

有多少財產以上的人才要考慮遺產稅?

通常,有配偶者遺產約 2,000 萬元以下(免稅額 1,333 萬元＋配偶扣除額 493 萬元＋喪葬費用扣除額 123 萬元＝ 1,949 萬元),單身無子者遺產約 1,400 萬元以下(免稅額 1,333 萬元＋喪葬費用扣除額 123 萬元＝ 1,456 萬元),不需要擔心遺產稅的問題。

不過別以為這金額很多,臺北市現在許多房子的公告現值多半超過千萬以上,若再加上銀行存款、股票、基金,要繳遺產稅的人其實不在少數。

節稅條文看這裡

《遺產及贈與稅法》第 30 條第 1 項:遺產稅及贈與稅納稅義務人,應於稽徵機關送達核定納稅通知書之日起二個月內,繳清應納稅款;必要時得於限期內申請稽徵機關核准延期二個月。

遺產與贈與的節稅細節

● 逝者如在過世前 5 年有從別的地方繼承遺產，且已繳清遺產稅，在他過世時，這筆繼承而來的財產不用計入自己的遺產總額。

● 喪葬費用是定額扣除，即是如果費用超過扣除額，仍只能扣除 123 萬元，若是費用不足，也可直接扣除 123 萬元。

● 逝者的配偶、父母、子女中若有身心障礙者，可以再加扣 618 萬元的扣除額，但如果這名身心障礙者拋棄繼承，就不能再加扣這 618 萬元。

● 繼承農地的 5 年之內，必須持續在該土地上作農業使用，不能中斷，除非有依規定休耕、休養等情況，否則會被追繳遺產稅。

第 **5** 節

就算你把財產藏到天邊，
國稅局照樣萬萬稅

　　金先生是一個跨國企業的高階主管，有一獨生子曾在加拿大讀書，畢業後前往美國工作。在兒子剛到加拿大兩個月時，曾向老爸哭訴住不慣學校宿舍，寵兒子的金先生便匯了將近 2,000 萬元到加拿大置產，好讓兒子不用為住處麻煩，安心念書。

　　幾年之後，金先生又再匯多筆款項至美國，讓已在美國就業的兒子幫忙置產。

　　前不久金先生不幸離世，在申報完遺產稅後，他的兒子收到國稅局來凶，詢問金先生過去數年匯到海外的資金去向。原來國稅局一直掌握金先生的匯款動向，也因此查出他在加拿大及美國的多處房產，要求金先生的兒子應依法補稅，並須繳交罰款。

　　這個案例告訴我們：

　　1. **遺產稅是屬人兼採屬地主義**，若過世者是境內居住者（有臺灣的戶籍，或死亡前 2 年內居留於臺灣超過 365 天），為屬人主義，所以如果你在臺灣有戶籍，不論把錢藏在天涯海角，依

法皆應併入遺產課稅（見圖表 2-10）！

2. 別以為平時匯款到國外，國稅局不知道，公文裡十億多元的數字連個位數都有，代表平時政府只是不吭聲，其實都在默默記錄等著你，凡走過必留下痕跡，當你去跟上帝喝咖啡了，再來算總帳！

圖表 2-10　遺產稅的課徵對象及標的

課徵對象＼課徵標的	境內財產	境外財產
中華民國國民＋經常居住境內	○	○
中華民國國民＋經常居住境外	○	×
非中華民國國民		

所謂「經常居住我國境內」，依照《遺產及贈與稅法》第 4 條第 3 項，係指下面 2 種情形之一：

1. 死亡事實發生前 2 年內，在中華民國境內有住所，也就是有戶籍登記的人。

2. 在中華民國境內沒有住所，但有居所，而且在死亡事實發生前 2 年內，在國內居留時間合計超過 365 天的人；但是接受我國政府聘請從事工作，在中華民國境內有特定居留期限的人，不論居留時間多久，都不屬於經常居住我國境內的人。

至於「經常居住我國境外」，是指不符合上述 2 項所規定

的人。

　　簡而言之，即是看戶籍或天數而定，有戶籍或死亡前 2 年內居留在中華民國 365 天的人，就是遺產稅的境內居住者，應就全球的財產課徵遺產稅。

但以下這些財產，不計入遺產總額

　　依《遺產及贈與稅法》第 16 條及第 16-1 條規定，下列各款財產則不計入遺產總額：

　　1. 捐贈給各級政府及公立教育、文化、公益、慈善機關之財產。

　　2. 捐贈公有事業機構或全部公股之公營事業之財產。

　　3. 捐贈於被繼承人死亡時，已依法登記設立為財團法人組織且符合行政院規定標準之教育、文化、公益、慈善、宗教團體及祭祀公業之財產。

　　4. 遺產中有關文化、歷史、美術之圖書、物品，經繼承人向主管稽徵機關聲明登記者。但繼承人將此項圖書、物品轉讓時，仍須自動申報補稅。

　　5. 被繼承人自己創作之著作權、發明專利權及藝術品。

　　6. 被繼承人日常生活必需之器具及用品，其總價值在 89 萬元以下部分。

　　7. 被繼承人職業上之工具，其總價值在 50 萬元以下部分。

8. 依法禁止或限制採伐之森林，但解禁之後仍須自動申報補稅。

9. 約定於被繼承人死亡時，給付其所指定受益人之人壽保險金額、軍、公教人員、勞工或農民保險之保險金額及互助金。但須注意，若**要保人與受益人不相同之保險死亡給付，必須另行考慮有所得稅中最低稅負制（《所得基本稅額條例》）的問題。**（詳見第 2 章第 7 節）

10. 被繼承人死亡前 5 年內，繼承之財產已納遺產稅者。

11. 被繼承人配偶及子女之原有或特有財產，經辦理登記或確有證明者。

12. 被繼承人遺產中，經政府闢為公眾通行道路之土地或其他無償供公眾通行之道路土地，經主管機關證明者。但其屬建造房屋應保留之法定空地部分，仍應計入遺產總額。

13. 被繼承人之債權及其他請求權不能收取或行使確有證明者，如下面 3 種情形：

- 債務人已經依《破產法》和解、破產、依《消費者債務清理條例》更生、清算或是依照公司法聲請重整，以致於債權的全部或一部分不能收回，並且取得和解契約或法院裁定書。

- 被繼承人或繼承人跟債務人在法院成立訴訟上和解或者調解，以致於債權的全部或一部分不能收回，並經取得法院

和解或調解筆錄，並且無在請求權時效內無償免除或承擔
債務的情事，經由稽徵機關查明屬實。

● 其他原因以致於債權或其他請求權的一部分或全部不能收
回或不能行使，確實取得證明文件，並且經由稽徵機關查
明屬實。

14. 遺贈人、受遺贈人或繼承人提供財產，捐贈或加入於被
繼承人死亡時已成立之公益信託，並符合下列各款規定者，該財
產不予計入遺產總額：

● 受託人為《信託業法》所稱之信託業。

● 各該公益信託除為其設立目的舉辦事業而必須支付之費用
外，不以任何方式對特定或可得特定之人給予特殊利益。

● 信託行為明定信託關係解除、終止或消滅時，信託財產移
轉於各級政府，有類似目的之公益法人或公益信託。

如何申報遺產稅？6 個月內要處理完畢

根據《遺產及贈與稅法》第 23 條第 1 項、第 26 條及第 44
條的規定，被繼承人死亡遺有財產者，**納稅義務人（通常為繼承
人）應於被繼承人死亡日起 6 個月內，向國稅局申報**，如果沒有
遵守申報期限，除了本來就要繳納的遺產稅之外，還會額外產生

圖表 2-11　哪些遺產不計入遺產總額？

項目	不計入遺產金額
捐贈政府或非營利團體、公益信託、公共道路	全部
指定受益人之人壽保險金額保險性質	全部
軍公教勞工農民保險金額及互助金	全部
死亡前 5 年內繼承之財產	已納遺產稅者
日常生活必須之器具及用品	89 萬元
職業上之工具	50 萬元

※表內數字在未來仍會依物價指數公告調整。

罰鍰。

　　如果沒有辦法在 6 個月內申報，若有正當理由，例如財產複雜，清查還需要更多時間，也要記得在 6 個月的申報期限內，向國稅局申請延長，並且原則上最多只可延長 3 個月。

　　被繼承人所留的財產，不論金額大小或是否超過免稅額，都應該辦理遺產稅申報。原則上，應至被繼承人死亡時戶籍所在地的稅務稽徵機關辦理申報。

　　非中華民國國民或經常住在國外的人，則因身分不同，須向不同的主管機關申報：

　　1. 在死亡事實發生前 2 年內自願放棄國籍，應向原戶籍所在地的主管稽徵機關辦理申報。

2. 經常居住國外的我國國民及外國人，在我國境內的遺產，應向臺北市國稅局總局申報。

3. 大陸地區人民死亡，遺留在臺灣地區的財產，應向臺北市國稅局總局申報。

申報時應準備哪些文件？

從應準備的文件中，便可以看到國稅局在實務上，是如何計算遺產價值，以及認定與稽查的方式。整理幾項較重要的應備文件如下：

1. 遺產稅申報書 1 份，申報書應由納稅義務人簽章（委任他人代辦者，應加蓋受任人私章）。

2. 被繼承人死亡除戶資料，如死亡診斷證明書或載有死亡日期之戶口名簿影本等，及每一位繼承人現在的戶籍資料（身分證、戶口名簿、護照或在臺居留證影本，3 種擇一）各 1 份。

3. 繼承人中有拋棄繼承權者，要檢附法院准予備查的公文影本。

4. 繼承系統表 1 份。

5. 被繼承人為非中華民國國民，或經常居住中華民國境外之中華民國國民，經國外出具之證明文件，應經我國當地駐外機構簽證。

6. 申報土地遺產，要準備被繼承人所有權狀影本或土地登

記謄本，及死亡日之公告土地現值證明。

　　7. 申報房屋遺產，要準備被繼承人死亡當期的房屋稅單影本，或房屋所在地主管房屋稅之地方稅捐稽徵機關出具之房屋評定現值。

　　8. 申報存款遺產，要檢附被繼承人死亡日之存款餘額證明書、包含封面的存摺影本或是存單影本，3 種擇一。

　　9. 申報上市、上櫃及興櫃公司股票遺產，要檢附被繼承人死亡日持股餘額證明或集保證券存摺影本。

　　10. 申報未上市、未上櫃且非興櫃公司股票遺產，要檢附被繼承人死亡日持股餘額證明，及該公司在被繼承人死亡日之資產負債表、損益表、股東往來科目明細表。

　　11. 申報信託遺產或信託利益之權利未受領部分遺產，應檢附遺囑或信託契約，或其他證明文件。

　　12. 再轉繼承案件，主張不計入遺產總額課稅或依比率扣除者，應檢附稽徵機關發給之遺產稅繳清證明書影本。

　　13. 申報債務扣除，應檢附債權人出具迄被繼承人死亡日尚未清償之證明文件。

　　14. 主張扣除應納未納稅捐，應檢附相關稅捐繳款書影本。

　　15. 申報繼續經營農業生產農地扣除額，應檢附農業用地作農業使用證明書，或《農業發展條例》第 38-1 條第 1 項土地作農業使用證明書，及經都市計畫主管機關認定該土地未依變更後計畫用途使用之證明、土地使用分區證明、土地登記謄本等。

16. 主張公共設施保留地扣除者，應檢送土地使用分區證明、土地登記謄本（必須註明編定日期及是否為公共設施保留地）。

17. 主張《民法》第 1030-1 條剩餘財產差額分配請求權扣除者，應檢附載有結婚登記日期之戶籍資料、夫妻雙方財產及債務明細表、請求權計算表及相關證明文件。

18. 遺產捐贈與政府、公有事業單位及已依法登記之財團法人，主張不計入遺產總額課稅者，應檢附受贈人受贈同意書。如受贈單位為依法登記之財團法人，應另檢附法人登記證書、組織章程、董監事名冊、受贈單位受贈時經稅捐稽徵機關核定近一年免納所得稅之證明文件及經業務主管機關證明依其創設目的經營業務，辦理具有成績之證明文件。

趁重病財產大挪移？國稅局照樣抓

過去曾有一名納稅人在配偶死亡前 2 年，也就是因重病無法處理財產期間，以密集且巨額的轉帳方式，擅自將配偶在金融機構的 2.04 億元存款，轉至他個人的銀行帳戶，而且在配偶病逝申報遺產稅時，沒有申報他所轉帳的 2.04 億元。

事後經國稅局查獲，認定該行為逃漏遺產稅意圖明顯，依《遺產及贈與稅法施行細則》第 13 條規定，將重病期間所提領的 2.04 億元存款，全數併入遺產總額課稅，補徵遺產稅 1.02 億元（因該案例發生時間是適用遺產稅舊制，故按 50% 計徵）。

　　國稅局除了要求他補稅之外，再依《遺產及贈與稅法》第45條規定移罰，經裁處還要再繳納漏稅罰鍰8,184萬元（依稅務違章案件裁罰金額或倍數參考表處所漏稅額0.8倍之罰鍰）。他在重病期間意圖將存款轉帳的行為，合計付出超過1.8億元的代價，形同其趁配偶生前病重時轉帳的2.04億元存款全部化為烏有。

　　像以上這樣，我們可能以為神不知鬼不覺的搬運大法，仍會被國稅局視為遺產，須扣遺產稅，即擬制財產的情況分為2種：

　　1. 將亡贈與：被繼承人死亡前2年內贈與配偶、依《民法》規定之各順序排列的繼承人（直系血親卑親屬、父母、兄弟姊妹、祖父母）及其配偶的財產，視為被繼承人的遺產，併入其遺產總額（若當中已繳贈與稅、土地增值稅及其利息，可以抵稅）。

　　2. 重病搞鬼：被繼承人死亡前，因重病無法處理事務期間，舉債、出售財產或提領存款，而其繼承人不能證明該項借款、價金或存款的用途，應將上述借款、價金或存款列入遺產課稅。

　　由此可知，遺產絕對要在人還很健康時就布局，等到生重病了才要亡羊補牢，往往都已經來不及了。

遺產稅怎麼計算？

　　遺產稅的計算公式如下：

遺產總額＝被繼承人遺產＋擬制遺產（死亡前 2 年贈與特定對
　　　　　象的財產）

遺產淨額＝遺產總額—免稅額—扣除額

應納遺產稅＝遺產淨額 × 稅率 10%～ 20%—累進差額—扣
　　　　　　抵稅額及利息

其中扣抵稅額及利息是指，被繼承人死亡前 2 年內贈與特定的人時，已納贈與稅、土增稅及其利息，還有他在國外之財產，依財產所在地國法律已納的遺產稅，可以作國外稅額扣抵。

關於稅率，2017 年 5 月遺贈稅新制正式上路，從單一稅率 10%，調整為三級累進稅率，最高達 20%（見下頁圖表 2-12）。

我們用一個例子來實際計算看看。假設劉爸爸於 2023 年中不幸與上帝喝咖啡去了，遺有配偶及 2 位滿 18 歲子女，劉爸爸死亡時遺產總額有 3.3 億元，遺產稅計算如下：

遺產淨額＝遺產總額 3.3 億元—免稅額 1,333 萬元—扣除額
　　　　　716 萬元（配偶 493 萬元＋兒女 50 萬元 ×2 位＋
　　　　　喪葬費 123 萬元）＝ 3.0951 億元

遺產稅＝遺產淨額 3.0951 億元 × 稅率 20%—累進差額 750
　　　　萬元＝ 5,440.2 萬元

遺產稅何時要繳完？
2 個月內，但可再延 2 個月

依《遺產及贈與稅法》第 30 條第 1 項及第 51 條，在收到遺產稅的核定納稅通知書（稅單）之後，有 2 個月的繳款期限。如果逾期繳稅，還會衍生滯納金並加計利息。

如繳稅有困難的話，可以申請延期繳稅，最多可以再延 2 個月。另外，也可以申請分期繳納，或申請利用被繼承人的存款來繳稅。

圖表 2-12　申報遺產淨額、稅率及累進差額

遺產淨額	稅率	累進差額
50,000,000 元以下	10%	0 元
50,000,001 ～ 100,000,000 元	15%	250 萬元
100,000,001 元以上	20%	750 萬元

遺產與贈與的節稅細節

● 逝者在死亡前 2 年內，在中華民國設有戶籍，或是即使沒有戶籍，但有居住超過 365 天，不論是在國內或國外的財產，都要課徵遺產稅。

● 遺產稅不論金額大小，即使是 0 元，也須在逝者死亡的 6 個月內申報完成，或是申請延期，否則會被罰款。

● 申請延後申報遺產稅，必須有正當理由，例如財產太複雜，清查較耗時，國稅局原則上最多也只可延長 3 個月。

● 逝者在過世前 2 年內贈與配偶、子女（包括其配偶）、父母、兄弟姊妹（包括其配偶）的財產，過世後仍會被列入遺產總額，計算遺產稅，因此應趁早贈與分配財產。

● 逝者生前若有因重病無法親自處理事務，而由配偶或子女等人代為領款、借貸或賣出財產，死亡後其繼承人必須舉證說明這些所得款項的用途為何，若無法舉證，這些款項就應列入遺產總額，計算遺產稅。若款項是為支付逝者醫療費用，切記保存好所有收據證明。

節稅小百科

借名登記風險大，嚴重時資產要不回來

有些生意人為了分散名下資產，會把公司股份登記在別人的名下，或直接把公司負責人登記成別人的名字，也就是俗稱的人頭公司，這些情況都是所謂的「借名登記」。

借名登記係指當事人約定一方將自己之財產以他方名義登記，而仍由自己管理、使用、處分，他方允就該財產為出名登記之契約。借名登記雖然不是《民法》明文規定的契約類型，但實務上只要不違反強制、禁止規定或公序良俗，通常承認其效力，並適用《民法》委任的相關規定。

借名登記在臺灣很常見的原因，包括為了減少稅金、合資、躲避債務、規避法律上的資格限制（例如農地、國宅軍眷宅、原住民保留地、宗教廟產登記）、想隱匿財產（怕親友來借錢、具公務員身分）等。

在幾十年前高遺產稅率（40％、50％）的時代，借名登記的情形很常見，許多人為了節省50％遺產稅，會把部分不動產及公司股權分散登記在親友名下，到後來等到小孩長大了都超後悔。因為，借登記在別人名下的財產會有各種風險及紛爭，例如人頭的繼承人可能要多繳遺產稅、移轉借名登記的資產時會有贈與稅，更嚴重的是未來財產極有可能要不回來。

第 **6** 節

小市民繼承到大豪宅，
沒錢繳稅怎麼辦？

　　韓國三星集團（Samsung）第二任會長李健熙於 2020 年病逝，留下 26 兆韓元（約新臺幣 6,161 億元）遺產，包括股票、藝術品、房地產及現金。據韓國媒體估計，單計股票的遺產價值，遺產稅可能就超過 10 兆韓元（約新臺幣超過 2,500 億元）。

　　為了繳交遺產稅，李健熙的配偶賣出近 2,000 萬股三星電子股份，同時期，李健熙的長女也質押了所持有的兩百多萬張三星電子股份，貸款 1,000 億韓元，外界推測此舉應也是為了遺產稅。

　　同樣為遺產稅發愁的，還有日本藝人志村健的哥哥。根據日本媒體報導，志村健在演藝全盛時期，每年有 3 億日圓（約新臺幣 7,700 萬元）的收入，名下還有 3 處房產。他沒有結婚，也沒有小孩，病逝後高達 10 億日圓（約新臺幣 2.6 億元）的遺產，依日本法律規定，將由他的 2 名哥哥繼承。然而若要繼承遺產，志村健的哥哥們就要先各自繳納遺產稅 2 億日圓（約新臺幣 5,200 萬元），且 10 個月內就要完成繳納手續。

雖然 2 名哥哥可向稅務機關提出延長繳納期限，但遺產稅負擔實在太大，即使延長繳納期限，他們可能也拿不出這麼多現金，這情況甚至讓志村健的哥哥們產生「乾脆全部放棄繼承算了」的想法。

這種情況其實在臺灣也不少見，如果真的面臨此種情況，依照臺灣的法令規定，應該如何解套呢？

首先要了解在臺灣如何繳納遺產稅。依據《遺產及贈與稅法》第 30 條規定，納稅義務人應於稽徵機關核定之納稅通知書送達之日起算，2 個月內繳清稅款；如有必要，可於繳納期限屆滿前，以書面申請延期 2 個月繳納。

另外，若**遺產稅應納稅額（含罰鍰及利息）在 30 萬元以上，納稅義務人若確實有困難、不能以現金一次繳清稅款，得於繳納期限內，就現金不足繳納部分，申請分 18 期以內繳納，每期間隔以不超過 2 個月為限**。經申請分期繳納者，應自繳納期限屆滿之次日起，至納稅義務人繳納之日止，依郵政儲金 1 年期定期儲金固定利率，分別加計利息一併徵收；利率有變動時，依變動後利率計算。

除了申請延期繳納、分期繳納之外，也可以中華民國境內之課徵標的物，或是納稅義務人所有易於變價（易於出售而獲得現金，按照時價換算貨物價值）及保管（不易毀損或滅失，或保管無須太多人力與金錢，且在保管期間，可加使用、收益，並可待價而沽的機會）之實物，申請一次抵繳。

實物抵繳種類多，連高球證都可抵稅

　　遺產及贈與稅是臺灣稅目中，唯一可以用現金以外之財產（實物）繳納的稅捐，台塑創辦人王永慶的遺產稅，就是利用該特性來繳納。國稅局認定王永慶的遺產稅是 119 億元，王家以實物抵繳 22 億元，提出的抵繳標的包括股票、債權及 365 筆土地。除了 22 億元的實物抵繳之外，剩下的 97 億元以現金繳納。

　　租稅之債是指公法上金錢給付之債的關係，原則上以貨幣債權作為清償手段，在一定要件下，容許遺產及贈與稅以實物抵繳的方式繳納，是體恤納稅義務人原有資力不足所做的規定。

　　不過，按照《遺產及贈與稅法》第 30 條第 4 項規定，及司法院大法官會議釋字第 343 號解釋，遺產及贈與稅仍以現金繳稅為優先，當稅額超過 30 萬元以上，而且經國稅局判斷納稅義務人確實有繳納現金的困難，不能一次繳納現金，才可以用實物抵稅。

　　那麼，國稅局是怎麼判斷納稅義務人繳納現金有困難？其審酌範圍如下：

　　1. 被繼承人、贈與人（受贈人）本身之現金、銀行存款或其他等同現金之項目。

　　2. 被繼承人遺有債權且已收取現金（如保險金……）。

　　3. 被繼承人死亡前 2 年內贈與的現金，業經併入遺產課稅，而且受贈人也為納稅義務人之一。

4. 被繼承人遺留的財產，如果經處分而已轉換為現金或銀行存款（例如賣掉土地、股票……）。

至於抵繳方式是什麼？首先，實物抵繳的種類五花八門，例如：房屋、土地、上市櫃股票、未上市櫃股票、債權、高爾夫球證等。在這之中又分為易於變價跟不易變價兩種。

易於變價的像是上市櫃股票（有價證券）、易於銷售的住宅或商用不動產等。

不易變價的財產例如：保護區土地受到相關法令規範，有建築使用上的限制，又不能更改原使用用途，所以不容易變價；未上市櫃股票因市場流通性低，沒有透明成交價格，也不符合易於變價的要件。另外，墓園（含塔位）使用權因無明確且客觀的評價方式，也屬於不易變價的標的物。

根據《遺產及贈與稅法》規定，易於變現的實物，按課稅財產價值全額抵繳；不易變現的實物，按抵繳財產占全部課稅財產總值之比例抵繳（見右頁圖表 2-13），其計算公式如下：

不易變價（或保管）的實物得抵繳遺產稅（或贈與稅）的限額＝依法計算的應納遺產稅額或贈與稅額 × 申請抵繳的財產價值 ÷ 全部課徵標的物的遺產總額或受贈財產總額

圖表 2-13　遺產及贈與稅繳稅及實物抵繳原則

項目	內容	
課稅原則	以現金繳納為優先，當稅額超過 30 萬元以上，納稅人沒有足夠的現金繳納時，可以用實物抵稅。	
抵繳方式	易於變價	按課稅財產價值全部抵繳。
	不易變價	按抵繳財產占全部課稅財產總值之比例抵繳。

　　舉例來說，假設邱先生遺產總額 8,000 萬元，其中全部課徵標的物價值僅 6,000 萬元（即遺產總額扣除公共設施保留地、免稅之農地及其地上作物等），應納遺產稅額 400 萬元。但納稅義務人無法一次繳納現金，而且應納遺產稅額超過 30 萬元，所以納稅義務人以被繼承人所遺留的保護區土地（屬於不易變價的財產，核定價值 600 萬元）申請抵繳遺產稅。套入上述的公式，不易變價的土地可以抵繳的稅額為 40 萬元，其計算如下：

不易變價實物得抵繳遺產稅的限額＝
400 萬元 ×600 萬元 ÷6,000 萬元 ＝ 40 萬元

　　因此，納稅義務人僅能移轉等同抵繳稅額 40 萬元的土地持分給國有登記。

用不動產抵繳，價值會被低估，不划算！

申請可以實物抵繳之後，實物的價值要如何估算？《遺產及贈與稅法》第 10 條規定：遺產價值的計算，以被繼承人死亡時的時價為準，被繼承人如果是受死亡宣告的，以法院宣告死亡日的時價為準。上面所說的時價，土地以公告土地現值、房屋以評定標準價格為準。

又《遺產及贈與稅法施行細則》第 46 條：「納稅義務人申請以繼承或受贈中華民國境內之課徵標的物，抵繳遺產稅或贈與稅者，其抵繳價值之計算，以該項財產核課遺產稅或贈與稅之價值為準。」另，「納稅義務人申請以課徵標的物以外之財產抵繳遺產稅或贈與稅者，其抵繳價值之計算，以申請日為準，並準用有關遺產或贈與財產之估價規定辦理。」

也就是說，雖然可以實物抵繳稅款，但現今的土地公告現值和市價間仍有落差，實際市價往往遠高於課稅價值，因此如果申請以不動產來抵繳稅款，抵繳價值是以核課遺產稅的價值來計算，比實際市價還要低，實在很不划算！

如果不希望在現金不足的狀況下，被迫以實物抵繳，還有什麼解決方法？

舉個稅務案例：臺南市陳先生的父親於 2020 年初驟逝，經國稅局核定應納遺產稅一百五十多萬元。陳先生無足夠現金可繳，很擔心未依限期繳納，會被加徵高額滯納金及利息。他想到

父親生前簽約出售其中 2 筆土地遺產，也已收取部分售地款項，還有尾款兩百多萬元，必須等完成土地所有權移轉登記才能收取，但如今父親過世了，以致如果尚未繳清遺產稅，不得分割遺產、交付遺贈或辦理移轉登記，更讓陳先生陷入兩難。

後來，陳先生先向國稅局申請延期遺產稅繳納期限 2 個月，並提供另一筆土地當擔保，取得國稅局核發之同意移轉證明書後，順利完成土地移轉登記給買方，他也依約取得土地尾款兩百多萬元，終於在繳稅期限前繳清遺產稅。

陳先生的情況是依《遺產及贈與稅法》第 41 條第 1 項規定：「有特殊原因必須於繳清稅款前辦理產權移轉者，得提出確切納稅保證，申請該管主管稽徵機關核發同意移轉證明書」，提前將部分的遺產轉賣變現，才有足夠的現金繳交遺產稅。

遺產稅相關案例不勝枚舉。在布局資產配置時，我們會分配不動產、股票、基金及存款等，但常忽略持有這些資產到最後，它可能衍生的稅負，而在繼承遺產時，最先面臨的就是繳納遺產稅的資金來源。

像陳先生這樣的例子層出不窮，為了避免這種繳不出遺產稅的情況，是否可以提早準備繳稅的資金呢？答案是可以的！例如預先準備繳稅的現金，也有人是以保單的保險金收入作為繳稅的資金等，俗稱「預留稅源」，以免到時資產的繼承移轉不如預期，所以在規畫節稅時，也須將此列入考量。

遺產與贈與的節稅細節

- 以不動產抵繳遺產稅時，抵繳價值是以土地公告現值及評定標準價格為準，會比實際市價低，並不划算。

- 為了避免繳不出遺產稅，可以預先準備繳稅的現金，例如以保單的保險金收入作為繳稅資金，即是「預留稅源」。

- 遺產稅超過 30 萬元以上，經國稅局核定，納稅義務人以現金一次繳納確實有困難時，才可以在繳納期限內，申請以實物抵繳，或是就現金不足的部分申請分 18 期以內繳納，但每期間隔不可超過 2 個月。

- 申請實物抵繳時，實物的價值是以逝者死亡當天的時價計算；若是受死亡宣告，例如失蹤 3 年後才做死亡宣告，則實物價值是以死亡宣告當天的時價為準，而非 3 年前失蹤那一天的時價。

第7節
節省遺產稅的最好方法，買保險

　　吳先生及高先生的年齡都是 55 歲，有美麗的另一半、育有一兒一女，而且兒女皆已滿 18 歲成年，更巧的是，各自都擁有 1 億元財產，其中有 5,000 萬元存在銀行裡。

　　某次他們一起出遊卻不幸發生意外身故，結果，兩個家庭最後繼承的遺產竟然差距高達 554 萬元。這是怎麼一回事？

　　吳先生的遺產 1 億元扣掉免稅額 1,333 萬元、配偶的扣除額 493 萬元、子女的扣除額 100 萬元、喪葬費 123 萬元，合計遺產淨額為 7,951 萬元。乘以遺產稅率 15%，再扣掉累進差額 250 萬元，得出吳先生得繳 942.65 萬元的遺產稅。因此，吳先生的老婆及小孩繳完遺產稅後，可以繼承 9,057.35 萬元。（其計算見第 141 頁圖表 2-14）

　　而高先生因為有極高的風險意識，所以他將 4,000 萬元的存款投保多張以自己為要保人、被保險人及生存受益人的終身還本保險，而身故保險金則指定由子女均分。如此一來，高先生除了

和吳先生扣一樣的免稅額和扣除額之外，根據《遺產及贈與稅法》第 16 條第 9 項規定，人壽保險金額不計入遺產總額，故生前的保費使存款減少 4,000 萬元，算出遺產淨額為 3,951 萬元，再乘以 10％稅率，得出遺產稅只須繳 395.1 萬元，他的妻小共可繼承 9,604.9 萬元（本例保額 4,000 萬元為簡化，通常會更高）。（其計算見右頁圖表 2-14）

看出來了嗎？他們兩人最大的差別，就在於是否有風險意識。由於高先生身故時，子女各自領得的身故保險金不必課徵遺產稅，而且因為沒有超過 3,330 萬元，未達個人基本所得額，不必納入最低所得額計算。因此，透過保險規畫，高先生替家人省下五百多萬元可觀的稅負支出。

有鑑於此，保險是節省遺產稅最簡單，也是最基本的方法。然而，既然大家都知道保險有節省稅負的效果，就一定會有人過度使用。本篇首先列表解釋保險到底有多大的節稅效果？再舉出幾項重點，提醒保險給付仍課遺產稅的情況。

保險節稅的力量

《所得稅法》第 17 條規定，納稅義務人、配偶或申報受扶養直系親屬的人身保險的保險費，每人每年享有 2.4 萬元的綜合所得稅列舉扣除額。保險平時可以節省所得稅外，出事時的保險給付也免納所得稅，並且在人生最終了還可以節省遺產稅。

圖表 2-14　吳先生與高先生的遺產相關計算

● 吳先生的遺產相關計算

遺產淨額＝ 1 億元—1,333 萬元—493 萬元—100 萬元
　　　　　—123 萬元＝ 7,951 萬元

遺產稅＝ 7,951 萬元 ×15%—250 萬元＝ 942.65 萬元

剩餘的財產＝ 1 億元—942.65 萬元＝ 9,057.35 萬元

● 高先生的遺產相關計算

遺產淨額＝ 1 億元—1,333 萬元—493 萬元—100 萬元
　　　　　—123 萬元—4,000 萬元＝ 3,951 萬元

遺產稅＝ 3,951 萬元 ×10%＝ 395.1 萬元

剩餘的財產＝ 1 億元—395.1 萬元＝ 9,604.9 萬元

　　保險可在資產傳承發揮到什麼樣的程度？可以達到 100% 的傳承結果嗎？答案是：有機會，甚至有可能超過 100%。

　　假設一位 40 歲父親，資產總額 1 億元，有 2 名成年子女，要如何規畫才能比較節稅？有 4 種方式可以計算（見下頁圖表 2-15，為簡化計算，暫先忽略遺產免稅額及扣除額）：

　　1. 未作任何事前規畫，把全額遺產 1 億元留給下一代。

　　2. 在每年免稅贈與額度 244 萬元之內，生前贈與小孩 20

圖表 2-15　同樣是 1 億元遺產，用保險節稅效果驚人

保險規畫方式	未規畫	生前免稅贈與 20 年	20 年期壽險，年繳保費 244 萬元	生前免稅贈與 20 年＋20 年期壽險，年繳保費 244 萬元
生前贈與	0	4,880 萬元（244 萬元×20 年）	0	4,880 萬元
投保保費	0	0	4,880 萬元	4,880 萬元
遺產餘額	1 億元	5,120 萬元	5,120 萬元	240 萬元
遺產及贈與稅	1,250 萬元	518 萬元	518 萬元	24 萬元
保險給付	0	0	6,500 萬元	6,500 萬元
傳承資產	8,750 萬元	9,482 萬元	1.11 億元	1.16 億元
傳承比例	88%	95%	111%	116%

1. 遺產餘額：原資產總額 1 億元－生前贈與－投保保費。
2. 遺產及贈與稅金額：各遺產餘額×10%～20%遺產稅率－累進差額。
3. 保險給付：假設保險合約是 20 年期平準終身壽險，要保人及被保險人皆為父親本人，受益人為 2 位小孩均分，年繳保費 244 萬元，20 年累積保費 4,880 萬元，依照國內某保險公司的商品內容，40 歲健康男性，職級 1 類，保險身故給付金額約為 6,500 萬元（實際保險給付尚須就個案投保情形為準）。
4. 傳承資產：生前贈與＋遺產餘額－遺產及贈與稅＋保險給付。
5. 傳承比例：傳承資產÷原資產總額 1 億元（代表原資產遺留給下一代的比例）。

年，每位小孩每年受贈 122 萬元。

3. 以父親自己為要保人及被保險人，指定 2 位小孩為受益人（保險給付均分），投保年繳 244 萬元的 20 年期傳統終身壽險，保險金額為 6,500 萬元。

4. 同時執行第 2 種的生前贈與及第 3 種的保險計畫。

從左頁圖表 2-15 可知，第 4 種方式（生前贈與加保險計畫）的傳承比例最高，代表移轉財富的效果最好，顯見保險除了顯現愛與責任的人性，節稅效果也發揮得很好。

不過要注意的是，若購買的是投資型保單，**投資帳戶的部分要繳所得稅，及有可能要繳遺產稅。**

另外，從 2006 年開始，保險給付有最低稅負制，即是要保人與受益人不同的人壽保險及年金保險，受益人領到的保險給付若全年超過 3,330 萬元，超出的部分才要開始計入基本稅額，基本稅率 20%。

舉例來說，柯先生的媽媽不幸在 2016 年離世，柯媽媽在生前有 3 份人壽保險契約，要保人及被保險人皆為柯媽媽，受益人皆為柯先生。其中，保單 A 的保險開始日為 2005 年 2 月 1 日，保單 B 為 2006 年 2 月 1 日，保單 C 為 2010 年 2 月 1 日，受益人柯先生獲得保單 A、B、C 的死亡保險給付，分別為 3,000 萬元、2,000 萬元、2,000 萬元，共 7,000 萬元。那麼，這 3 張保單的保險給付，有多少應計入柯先生的個人基本所得額？

由於保單 A 的合約簽訂日在 2006 年以前（《所得基本稅額

條例》實施日之前），所以保單 A 的給付金額不用計入最低稅
負。保單 B 及保單 C 的死亡給付合計 4,000 萬元雖然要計入，
但每年每戶有 3,330 萬元可以減除，所以最終應計入基本所得額
（特殊保險給付）的金額只有 670 萬元。

該筆納入的金額，再加其他應併入基本所得額的項目合計
後，每年每戶有 670 萬元的基本免稅額可以扣除，扣除後再依
20％的稅率計算基本稅額。若基本稅額高於依照原本綜所稅計
算出來的應納稅額，則再多補這差額即可。

多數情況，只要被保險人與受益人不相同，且有指定受益人
之保險給付，皆不用計入被保險人的遺產課稅。

但要特別提醒，現行《遺產及贈與稅法》規定，約定於被繼
承人死亡時，給付其所指定受益人之人壽保險金額，不計入遺產
總額，指的是**當要保人與被保險人同一人，在要保人死亡時，把
保單的人壽保險金額給付給指定受益人，免計遺產稅。**

反之，**當要保人與被保險人不同人，要保人如果以家人為被
保險人購買保險，在要保人死亡時**，因保險事故尚未發生（被保
險人尚未死亡），並不涉及保險金額給付，但其投保的保單是具
有價值的財產，是要作為被繼承人的遺產，**應列入遺產課稅。**

由於保險公司以往通報給國稅局的資料非常少，因此保險是
非常好的資金庇護所。然而，財政部於 2007 年建立了保險給付
通報系統，針對保險公司在 2006 年起簽訂的人壽保險與年金保
險契約，在被保險人與要保人非同一人時，若有給付，不分金額

大小，全部要通報給國稅局；投資型保單部分，保險公司每年也
會給要保人相關的所得資料以供申報綜所稅；之後財政部也建立
了保險受益人總歸戶系統。

　　所以，自從最低稅負制及投資型保單開始課稅後，國稅局的
那隻稽查之手，已經陸續伸入蒙著面紗的保險工具，所以納稅義
務人不可不慎，多加認識保險課稅的規定，宜小心規畫。

　　關於保險公司通報給國稅局的資料整理如下（見圖表 2-16）：

圖表 2-16　目前保險公司通報給國稅局的資料

稅目	通報資料內容
一般綜合所得稅	理賠款延滯利息所得及所得稅法各類所得之扣繳憑單
最低稅負制（基本稅額）	要保人與受益人不同之人壽保險及年金保險，其受益人所領的保險給付
綜合所得稅——保險費列舉扣除額	人身保險費繳費資料
綜合所得稅——投資型保單	要保人相關的所得資料
贈與稅	原要保人申請變更要保人
遺產稅	因要保人身故申請變更要保人
大陸地區來源所得	大陸地區來源所得資料

遺產與贈與的節稅細節

● 保險給付免納所得稅，在人生終了時還可以節省遺產稅，但若是投資型保單，投資帳戶部分仍會納入所得稅，也有可能要繳遺產稅。

● 當要保人與被保險人不同時，例如爸爸是要保人，兒子是被保險人，若要保人（爸爸）死亡，因為被保險人（兒子）仍在，表示保險尚未給付，保單仍是有價值的財產，將會列為要保人（爸爸）的遺產，課徵遺產稅。

● 壽險及年金險的要保人與受益人不同時，受益人全年度領到的保險給付超過3,330萬元，超額部分應列入個人所得計算稅額。例如全年度領到保險給付總額為4,000萬元，則應列670萬元為受益人的個人所得。

第 8 節
為了避稅帶病投保？
國稅局知道你在動歪腦筋

　　保險雖有節稅的效果，但如果看準了這個優點而投機取巧，想藉此規避遺產稅，可是逃不掉國稅局及法官雪亮的眼睛的。

　　賴先生有心血管疾病，多年前小中風過。他曾投保了兩張終身壽險，一次繳清一千多萬元的保費，並在投保的一年多後，因不慎跌落樓梯，撞傷頭部而過世。他的繼承人在申報遺產稅時，未將其中一筆五百多萬元的身故保險給付計入遺產總額，被國稅局以實質課稅原則計入遺產總額，依法課稅。

　　賴先生的繼承人於是提起訴訟，主張賴先生是因為罹患慢性病才投保，而且摔倒撞傷頭部是意外，並沒有規避遺產稅的意圖。但法院判定賴先生的投保有「重病、躉繳」性質，判定這五百多萬元的保險給付依法應課稅。

　　另一個案例是：有個年過七十的老爸爸，以躉繳方式一口氣買了好幾張保單，想要以此來節省遺產稅。在投保 2 年後，老爸爸即因肺炎病逝，子女在處理遺產時，將這些投資型保單的給付

列入扣除額，未申報遺產稅。

但事後遭國稅局查核，認定老爸爸「高齡、躉繳、密集（一口氣買好幾張）、短期（投保後 2 年死亡）」，是刻意規避遺產稅，因此依照實質課稅原則，將這些保單給付納入遺產總額課稅，同時再加罰罰款。

6 種節稅不成的狀況

根據《遺產及贈與稅法》第 16 條不計入遺產總額，其中第 9 款，約定於被繼承人死亡時，給付其所指定受益人之人壽保險金額、軍、公教人員、勞工或農民保險之保險金額及互助金。

然而，近十多年，**越來越多高額保單被課徵遺產稅或贈與稅的判決案例**。實務上，稅務機關會綜合個案狀況進行實質認定，如果認定所投保的保單是為了逃避遺產稅，將會依實質課稅原則課徵遺產稅，而這些被補稅的案例有以下共同特色：**高額保單、高齡投保、高資產、短期內死亡、重病投保、躉繳保單**。

這 6 項常見、應避免的「三高、短、重、躉」，相信一般理財顧問大概都知道，但仍有知其然而不知其所以然的情況。歸納過去國稅局依據實質課稅原則，而對死亡人壽保險金課遺產稅的特徵，我們現在就來好好弄懂，法官對於保險給付仍課遺產稅情況的真義：

1. 查你投保的目的

　　退休規畫所需資金合理嗎？保險金那麼高，真的是為了照顧遺族，還是骨子裡是為了節稅？例如，保額在 1,000 萬元以上到數億元的金額，都會被認定是鉅額投保，而其實對於有需要進行財產轉移的人來說，要超過上述的金額很容易。

2. 調閱你的身體狀況

　　保險是對未知的風險所準備的保障，直到高齡或重病時，才想要投保來規避遺產稅，並不符合保險原則。

- 高齡投保：若超過 73 歲投保，通常會被認為高齡投保，通常保險公司也不太願意核保。不過實務上，65 歲以上購買保險，就應格外小心稅捐單位的懷疑。
- 重病投保：根據《遺產及贈與稅法施行細則》第13條規定，被繼承人死亡前，因重病無法處理事務期間舉債或出售財產，而其繼承人對該項借款或價金不能證明其用途者，該項借款或價金，仍應列入遺產課稅。所以，包含癌症、冠心症、心肌梗塞、高血壓、糖尿病、中風、洗腎、帕金森氏症、失智、憂鬱或老年退化等症狀或疾病，在罹患之後才投保，就有可能被國稅局認為是想規避稅負。

　　由於國稅局通常會調閱死者病歷，若他們發現被繼承人投

保時，已有癌症、中風、重大手術等高危險的疾病，法院將視當時投保的動機有逃漏稅嫌疑。由此可知，**盡早投保、趁年輕就投保，除了能讓複利效果倍增之外，還有避免被查稅的好處。**

3. 追出你的投保時間

這又分成短期死亡及密集投保兩種狀況：

● 短期死亡：所謂短期是指多短？依照《遺產及贈與稅法》第 15 條規定：「被繼承人死亡前 2 年內贈與個人之財產，應於被繼承人死亡時，視為被繼承人的遺產，併入其遺產總額。」所以，通常短期的定義約為 2 年。不過，實務上也有投保 10 年才過世，卻被查稅的案例。
依國稅局查核遺產稅的標準作業程序，通常會查核被繼承人過世前 2 年的資金流程，一旦發現有大筆資金匯出，並經進一步查核是流向保險用途的話，容易衍生被課稅的風險。

● 密集投保：什麼事情需要大驚小怪的，在兩、三年內累積購買兩張到數十張保險？這類明顯與正常狀況差異大的投保行為，即使國稅局沒發現，保險公司也會互相追蹤通報，避免受到惡意複保險（要保人因為同一個保險事故及利益，故意與數家保險公司分別買數張保單）的傷害。

4. 嚴查財產多寡

家財萬貫的你有天離開人世，家人真的會因此生活無助嗎？家裡的經濟生活會變得匱乏嗎？配偶及小孩真的有差你這一張保單嗎？

常見稅務訴願駁回及行政法院判決國稅局勝訴之理由，皆會採用以下的說法：保險的目的，是在分散風險消化損失，即以較少的保費獲得較大的保障。

又因《保險法》第 112 條及《遺產及贈與稅法》第 16 條第 9 款前段規定，被繼承人死亡時，給付所指定受益人的人壽保險金額，不計入遺產總額，是考量被繼承人投保的目的，是為了保障並避免受益人因其死亡而生活陷於困境，所以予以免徵遺產稅，而不是鼓勵或讓一般人利用這種方式，任意規避原應負擔之遺產稅。

有鑑於此，對於為了規避遺產稅負，而投保與經濟實質明顯不相當之保險者，基於量能平等負擔之實質課稅原則，當然不適用《保險法》第 112 條及《遺產及贈與稅法》第 16 條第 9 款前段規定。

如果保險人本身就在經營大企業，子女也都已成年，並在企業集團中擔任要角，薪資及配發股票豐厚，基本上沒有遺產也可以繼續奢華消費、安然終老，國稅局遇到這樣的家庭時，都會嚴查他們生前的投保狀況。

5. 投保行為（舉債投保）

蔡姓老翁生前向人壽公司投保，即期終身年金保險 11 份，保證期間 15 年，在世時由自己領取每年年金，並指定身故後，保險金的共同受益人為子女及長孫 5 人，保險費高達 1.228 億元。

1998 年 7 月，蔡姓老翁以名下土地向銀行設定抵押，並以每次借期 1 年、借款本息到期一次清償的方式，借款 1.23 億元來躉繳保費。當 1 年借期到期時，先由子女代付利息，等他領到年金後返還，至於本金的部分，再以借新還舊的方式續借。

簡單來說，蔡姓老翁生前抵押不動產，借款一億多元來投保，是為了減輕遺產稅，但弄巧成拙，國稅局認為他舉債投保是為了規避遺產稅，於是在他過世後，仍將留給遺族的保險金給付以遺產計稅，共達近 9,900 萬元。遺族收到通知後，便提起行政訴訟。

不過法院認為，我國男性平均年齡為 72.2 歲，蔡姓老翁卻於 73 歲時，投保證期間高達 15 的年金保險，雖然他生前已領取 5 年的年金，但目的在償還銀行借款利息，而且總計遺族可領的生存及身故年金給付數額，還不夠清償他借款本息，再加上假設是為了排除規避遺產稅的利益，根本沒有實益可言。

這種行為就稱為「舉債投保」，若被繼承人的遺產稅申報中有列負債扣除，又有大額保險給付，國稅局便會追查保費的來源。當他們發現這是來自於向銀行或他人貸款，取得資金進行巨額投保，便會認定是為了規避遺產稅而做的安排，並依照實質課

稅原則，將該筆保單列入被繼承人遺產總額，課徵遺產稅。

　　總之，人一定要懂風險管理，尤其特地借錢買保險，就是管理過度！

6. 比較保費與保險金大小

　　以建築業起家、高齡 81 歲的邵董，在 2002 年左右購買了某家保險公司的終身壽險等多張保單，保費高達 2.22 億元，保額為 2.2 億元，保險受益人是 5 名子女及媳婦。2005 年 6 月邵先生去世時，獲理賠兩億多元，卻被國稅局查獲要求補稅。家屬上訴後最終仍然敗訴，應補繳遺產稅及罰款。為什麼？

　　因為保險應該是繳交小額保費，於未預期的事故發生後，受益人可以獲得較大金額的保障。若保險給付等於或低於已繳保險費，甚至保險給付接近已繳保險費加計利息金額，皆違反保險的本意，自然會被稅捐單位視為規避遺產稅。

　　金管會曾針對透過保險來規避稅負的投保動機，數度對保戶提出警告，除了傳統壽險金免計入遺產稅課稅，投資型及儲蓄型保單，國稅局可以根據《納稅者權利保護法》第 7 條規定的實質課稅原則，將給付給指定受益人的保險金，計入遺產進行課稅，甚至如果被認定有逃稅嫌疑，除了補稅以外，還可能額外加罰。

　　原則上，如果有「指定受益人」的保險，生前透過繳交保費，將財產轉移為保單的價值，死亡後再以保險金給付的方式，的確有機會不計入遺產總額課稅。然而，這只是「有機會」，並

非一定可以。

　　根據上述情況，在準備節稅布局與資產配置時，一定要思考怎麼善用保險工具，並謹守合理合法的規畫方式，才能確保達成節稅的目的。

遺產與贈與的節稅細節

● 患有癌症、心血管疾病、糖尿病、中風、洗腎、帕金森氏症、失智等疾病，或是超過 65 歲以上投保，國稅局通常會視為有逃漏稅的意圖，所以要趁年輕時即投保布局，避免被查稅。

● 逝者死亡前 2 年內若有大量資金匯出，國稅局通常會查核資金流向，若被查出是為了買保險，會增加被課稅機率。

● 保額高達千萬元以上，或是保費太低、保險金太高，國稅局通常會懷疑是為了規避遺產稅而投保，進而查核要求補稅。

第 3 章

喜歡嗎？
爸爸買房送給你

第 1 節

房貸好沉重，
卻是節稅最佳工具

　　臺灣某科技大廠老闆，是出了名的疼小孩，他透過贈與的方式，讓幾位小孩都成為臺北蛋黃區豪宅的新屋主。該豪宅的市價約 1.6 億元，從稅負來看，同樣是 1.6 億元，以房子贈與，比起用現金贈與，省下的贈與稅約 1,600 萬元。

　　我們假設該不動產每戶的土地持分大約 40 坪，以土地公告現值每坪 150 萬元計算，時價為 6,000 萬元，再加上房屋評定價值約 2,000 萬元，兩者總計只有 8,000 萬元要計稅。其計算如下：

---

150 萬元 ×40 坪＝ 6,000 萬元
6,000 萬元＋ 2,000 萬元＝ 8,000 萬元

　　比較一下，如果大老闆送的是現金 1.6 億元，只能減去《遺產及贈與稅法》規定的，每人每年贈與稅免稅額 244 萬元，剩

下的全部算進稅率 20％的贈與稅，再減去累進差額 375 萬元，得繳 2,776.2 萬元。

　　但如果拿 1.6 億元買下豪宅再送給子女，以剛才算出的時價只有 8,000 萬元，同樣先減去免稅額 244 萬元，乘以稅率 20％，再減去累進差額 375 萬元，只要繳 1,176.2 萬元，比用現金贈與還要少 1,600 萬元。

送現金 1.6 億元的贈與稅：
1.6 億元－ 244 萬元＝ 15,756 萬元（應計稅金額）
15,756 萬元 × 稅率 20％－累進差額 375 萬元＝ 2,776.2 萬元
（贈與稅）

送價值 1.6 億元豪宅的贈與稅：
8,000 萬元－ 244 萬元＝ 7,756 萬元（應計稅金額）
7,756 萬元 × 稅率 20％－累進差額 375 萬元＝ 1,176.2 萬元
（贈與稅）

　　由於臺灣不動產的公告現值（計算遺產贈與稅的價值）普遍與市價有不小的差距，所以難怪豪宅再貴，有錢人還是搶著買。

不動產贈與有 4 招，稅額差距上千萬

　　若是這位父親想要送不動產給子女，除了自己先買下後再贈

送，或是買下後直接登記在子女名下，還可以把現金給子女，由他們去購買等不同方式，而其中會課徵的贈與稅差很大。

以下列出 4 種不同的贈與方式，來比較哪一種最省稅：

1. 這位父親直接贈與現金 1.6 億元，子女再用這筆金額購買不動產，該父親必須繳 2,776.2 萬元的贈與稅，其計算如下：

贈與稅＝（1.6 億元－ 244 萬元）×20%－ 375 萬元
　　　＝ 2,776.2 萬元

---

2. 這位父親以自己的名義購買不動產再贈與子女，則要繳 1,176.2 萬元的贈與稅，以及負擔契稅等過戶費，如果是不同年度移轉不動產，還須再扣土地增值稅，同年度則不用。贈與稅的計算如下：

贈與稅＝（8,000 萬元－ 244 萬元）×20%－ 375 萬元
　　　＝ 1,176.2 萬元

---

3. 父親簽約購買不動產、支付房價，但登記在小孩名下。因該行為視同贈與，須繳贈與稅 1,176.2 萬元。另外沒有土地增

值稅的問題，但還是需要負擔一次的契稅及其他過戶費用。贈與稅的計算如下：

贈與稅＝（8,000萬元－244萬元）×20%－375萬元＝1,176.2萬元

---

4. 父親用自己的名義購買房子並支付房價，同時向銀行貸款 6,000 萬元，之後將附有貸款的房子贈與子女，而且由子女負擔貸款（即附有負擔之贈與），該父親須繳 175.6 萬元的贈與稅，其計算如下：

贈與稅＝（8,000 萬元－ 244 萬元－ 6,000 萬元）×10%＝175.6 萬元

從以上得知，**附有負擔（貸款）之贈與最省稅**，這是所謂的「負債管理」。

無債一身輕，在財富傳承的議題上不見得是好處，適當的擁有負債才是節稅的一大優點。但仍須注意，**子女必須有還款能力，而且不得把父母未來每年的贈與免稅額 244 萬元，當成有還款能力的證明。**

繼承移轉比贈與更厲害，有機會免繳稅

若是想用繼承的方式移轉不動產給 2 名已成年子女，則可分為 3 種方式，第一種是留給子女現金；第二種是留給子女不動產；第三種是留給子女有房貸 6,000 萬元的不動產。

3 種繼承方式的遺產稅也各不同，綜合贈與及繼承共 7 種移轉方式，來比較不動產如何移轉最節稅，結果如下頁圖表 3-1。

從下頁圖表 3-1 分析來看，不動產以附有房貸繼承最省稅，接著是附有房貸贈與……。不過，自從房地合一稅開始實施後，如果未來子女要出售不動產換取現金，則此規畫方式的稅負效果尚需個案分析，才知整體是否較為節稅。

另外，2020 年財政部發布解釋令，核釋繼承的房地若有貸款餘額超過繼承時之房地現值部分，屬於繼承人因繼承該房地之額外負擔（房貸），未來出售時無論依舊制或房地合一稅新制計算，可將差額自交易所得中減除，降低繼承人稅負負擔。

拿到爸爸贈與的不動產再出售，
如何認定交易取得成本？

雖然贈與不動產有節稅的好處，但若是子女未來有自己的財務規畫，想將爸爸贈與的不動產再售出，就須考慮所得稅的問

圖表 3-1 附有房貸的不動產，透過繼承移轉最節稅

財產移轉方式	遺產稅或贈與稅計算	稅金
贈與		
現金	（1.6 億元─244 萬元）×20% ─375 萬元	2,776.2 萬元
以父親名義買房 再贈與子女	（8,000 萬元─244 萬元）×20% ─375 萬元	1,176.2 萬元
父親簽約買房， 登記在小孩名下	（8,000 萬元─244 萬元）×20% ─375 萬元	1,176.2 萬元
以父親名義買房並貸 款 6,000 萬元再贈與 子女，房貸子女負擔	（8,000 萬元─244 萬元─6,000 萬元） ×10%	175.6 萬元
繼承		
現金	（1.6 億元─1,333 萬元─493 萬元 ─50 萬元 ×2─123 萬元）×20% ─750 萬元	2,040.2 萬元
不動產	（8,000 萬元─1,333 萬元─493 萬元 ─50 萬元 ×2─123 萬元）×15% ─250 萬元	642.65 萬元
不動產 （房貸 6,000 萬元）	（8,000 萬元─1,333 萬元─493 萬元 ─50 萬元 ×2─123 萬元 ─6,000 萬元）×10%	0 萬元

註1：以繼承的方式，免稅額1,333萬元，扣除額包括配偶493萬元、已成年子女每人50
　　　萬元、喪葬費123萬元。

註2：生前贈與不動產須先繳納土地增值稅，繼承則不用。

題。由於個人出售因贈與而取得的房屋，須依《所得稅法》相關規定，計算財產交易所得（舊制）或房地合一稅（新制）時，**取得成本並非以贈與人（爸爸）最初購買價格認定，而是以受贈時（爸爸贈與兒子時）之房屋評定現值及公告土地現值，按政府發布之消費者物價指數調整後之價值計算。**

有個案例是，父母於 2015 年以 1,000 萬元購買的房屋贈與子女時，是按照房屋評定標準價格（時價）300 萬元課徵贈與稅 30 萬元（300 萬元 × 10% ＝ 30 萬元）。

之後，子女以 1,200 萬元出售該房屋，應以 300 萬元計算成本，而不是以 1,000 萬元計算成本，算出所得應為 900 萬元（1,200 萬元 － 300 萬元 ＝ 900 萬元），而非 200 萬元（1,200 萬元 － 1,000 萬元 ＝ 200 萬元）。

1,200 萬元（房屋售價）—300 萬元（父母贈與房屋時價）
＝ 900 萬元（子女售出房屋交易所得）

這其中的綜合所得差異頗大，連帶影響該年度適用的稅率，從原本不贈與子女而自行賣掉房子的財產交易所得 200 萬元（稅率 20%），變成贈與後子女再將房子賣掉的財產交易所得 900 萬元（稅率 40%）。

由於此案是房地合一稅實施之前的事情，所以仍屬舊制，所

得稅僅課房屋的獲利部分，若是 2016 年後贈與子女後再出售的案子，則會變成房地合一稅，連土地的獲利也要課稅。

再以科技大廠老闆的臺北豪宅贈與案為例，若他的子女受贈與之後，又用 1.6 億元把房子賣掉，要繳多少的財產交易所得稅或房地合一稅？

同樣以前述該豪宅當時每戶土地持分大約 40 坪，以當時的每坪土地公告現值 150 萬元計算，土地公告現值總計 6,000 萬元；房屋評定現值約 2,000 萬元，兩者相加為 8,000 萬元。以下列出兩種實施房地合一稅前後的狀況（簡化、排除累進差額及土地漲價總數額等費用）：

1. 還沒實施房地合一稅之前，是採用土地與房屋稅分離課徵的雙軌制計算，只課房屋的獲利部分，所以財產交易損益是：賣價—（土地公告現值＋房屋評定現值）×房屋占不動產比例，約為 2,000 萬元，按綜所稅率 40％ 計算，綜所稅約繳 800 萬元。其計算如下：

財產交易損益＝（1.6 億元—8,000 萬元）×（2,000 萬元÷8,000 萬元）＝ 2,000 萬元

綜所稅＝ 2,000 萬元 ×40%＝ 800 萬元

　　由此可知，之前節省的贈與稅 1,600 萬元，在子女出售該不動產時，依照出售房屋的所得稅舊制，應繳納 800 萬元，幾乎是把過去所節省的贈與稅的一半都吐回去了。

　　2. 若是依照新制房地合一稅來算，賣價扣掉土地公告現值及房屋評定現值，再乘以 15%〜45% 稅率（詳見第 3 章第 4 節），須繳 1,200 萬元〜3,600 萬元的房地合一稅，其計算如下：

　　房地合一稅＝（1.6 億元—8,000 萬元）×（15%〜 45%）＝
　　　　　　　　1,200 萬元〜 3,600 萬元

　　在房地合一稅的新制之下，這棟房子不但沒有賺到錢，依房地合一稅 1,200 萬元〜 3,600 萬元，合併贈與稅及出售房屋的房地合一稅整體稅負，將可能從節稅 400 萬元（贈與稅節稅 1,600 萬元—房地合一稅 1,200 萬元）至倒虧 2,000 萬元（贈與稅節稅 1,600 萬元—房地合一稅 3,600 萬元），真是賠了夫人又折兵！

移轉前應細算，才能找到最適方案

　　還有一種情況是逐年贈與不動產。假設預計分 10 年 10 等份贈與，登記的權利面積自然也會每年增加 1/10，子女受贈的不動產若有出售，則課稅規定與整棟房子贈與後再出售的財產交

易所得稅的計算方法一樣，受贈的部分成本，以土地公告現值及房屋評定現值計算。

實際情況會變成：出售的不動產會拆成兩部分計算，沒有贈與的部分與一般財產交易算法一樣，有贈與的部分計算方法與上述相同。分年贈與不動產確實能節省贈與稅，但之後出售時一樣會有綜所稅或房地合一稅可能較高的問題。

國稅局透過地政系統，一定知道子女受贈與時的土地公告現值及房屋標準評定價格，而且出售房屋的價格也需要實價登錄，所以**送房屋給子女時，應將未來所得稅成本，以及子女再行出售的稅負成本列入考量！**

過去許多人喜歡透過贈與房地產來節稅，但由於受贈人之後可能會出售該不動產，屆時該受贈的不動產，會以「前次移轉現值」當作成本，再計算獲利課徵房地合一稅，而房地合一稅率是 15% ～ 45%（詳見第 3 章第 4 節）。

實際上就曾有人被國稅局補稅加罰過，甲君於 2019 年 10 月 6 日以 1,200 萬元購買一戶房地，於 2021 年 5 月 5 日將該房地贈與其子乙君，乙君於 2021 年 10 月 1 日再以 1,100 萬元出售。

但乙君誤認為，得以原贈與人甲君取得房地價格 1,200 萬元作為取得成本，自行計算房地交易所得為虧損，故未於所有權移轉登記日之次日起 30 日內申報繳納房地合一所得稅，經國稅局查獲，依規定可減除成本為 900 萬元（〔公告土地現值 720 萬元＋房屋評定現值 80 萬元〕× 消費者物價指數 101% ＋乙君受

贈時所繳契稅 4.8 萬元＋土地增值稅 87.2 萬元）。

又乙君並沒有提示移轉費用的證明文件，經計算可減除移轉費用為 30 萬元（成交價額 1,100 萬元 ×3％ ＝ 33 萬元，以 30 萬元為限）。國稅局最後核定該房地交易所得額為 170 萬元，依持有期間在 2 年以內之稅率 45％，核算應納稅額 76.5 萬元，予以補稅並處罰鍰，乙君於繳清稅款後並未再爭訟。

經比較分析，**是否直接用現金贈與給子女，再以子女名字購買不動產會比直接贈與房產更為有利？**這個答案是：不一定，須看個案而定，因為每個案子都要計算比較，才能知道最適合自己的節稅方法。

不過能確定的是，如果這間房子決定要一直傳承下去，子女並不會轉賣該受贈的不動產，那麼，用不動產贈與子女就沒有以上的綜合所得稅問題。

送人之後卻後悔，可否撤回？看情況

有時候我們會為了節稅而做了錯誤的規畫，誤入補稅罰鍰的窘境，但不用擔心，《民法》及稅法常有反悔機制。《民法》第408 條第 1 項規定：「贈與物之權利未移轉前，贈與人得撤銷其贈與。其一部分已移轉者，得就其未移轉之部分撤銷之。」

另外，《民法》第 412 條也規定：「贈與附有負擔者，如贈與人已為給付而受贈人不履行其負擔時，贈與人得請求受贈人

履行其負擔，或撤銷贈與。」而且財政部曾函釋：以不動產為贈與者，「在未辦妥產權移轉登記前」，申請撤回贈與稅申報或退還其已納贈與稅款時，應予照准。

特別要提醒的是，**贈與資產給他人，若已申報完成，受贈人也獲得資產，即為財富「已流動」型態，就算事後違約或撤銷，還是得繳 10%～ 20%的贈與稅。**

高媽媽曾將一些銀行存款及股票總值約 5,000 萬元贈與兒子，並如期辦理贈與稅申報及書立贈與契約書，且銀行存款已轉帳，但股權仍未轉移，結果兒子卻表示不願扶養母親，並到海外工作去了，母親因此反悔贈與一事，也要求立約撤銷贈與。

不過，國稅局認為該筆資產已申報完畢，加上銀行存款已轉存兒子帳戶，早已產生物權移轉效力，最後認定該案母親明顯有贈與的意思，而且他的兒子已收受該筆現金，因此符合課徵贈與稅要件，扣除 244 萬元免稅額，並適用 15％的級距，即為 713.4 萬元，再減除累進差額 125 萬元，最後還是核課該案母親 588.4 萬元贈與稅。其計算如下：

贈與稅＝（5,000 萬元－ 244 萬元）×15%－ 125 萬元
　　　＝ 588.4 萬元

所以，**贈與財產後可否反悔或撤銷，要看該贈與行為已經**

進行到哪個階段了。例如：父親想將錢財珠寶贈與給子女，後來子女不孝順，父親後悔了，在錢財珠寶還未交付到受贈人手上之前，贈與人得依《民法》第 408 條第 1 項規定，隨時撤銷贈與。

但如果是贈與不動產，贈與人必須在所有權移轉手續完成前，就撤銷贈與。例如：丈夫購買房產登記於妻子名下，後來夫妻失和，丈夫想將房產取回，由於已經辦妥所有權移轉登記，就無法反悔了。

還有一種情況是，即使所有權已經移轉，贈與人仍然可行使撤銷權。《民法》第 416 條第 1 項規定，受贈人對於贈與人，有下列情事之一者，贈與人得撤銷其贈與：

1. 對於贈與人、其配偶、直系血親、三親等內旁系血親或二親等內姻親，有故意侵害之行為，依《刑法》有處罰之明文規定者。

2. 對於贈與人有扶養義務而不履行者。

簡單來說就是受贈人故意侵害贈與人，還有子女不扶養父母的情況，父母皆可以贈與後反悔。

另外須特別注意《民法》第 416 條第 2 項規定：「前項撤銷權，自贈與人知有撤銷原因之時起，1 年內不行使而消滅。贈與人對於受贈人已為宥恕之表示者，亦同。」即是**如果父母已知道子女的不肖行為，足以撤銷贈與，卻在 1 年內都沒有提出撤銷，那麼超過 1 年後就不能再撤銷贈與了。**

節稅小百科

土地公告現值

　　只要是不動產，都會採用「土地公告現值」來當作計算課稅價值的基礎。土地公告現值即是由直轄市或縣（市）政府對於轄區內的土地，調查最近 1 年土地買賣價格或收益價格，並依據調查結果，劃分地價區段及估計區段地價後，提經地價評議委員會評定通過的地價，作為土地移轉時，稅捐機關審核土地移轉現值的依據。因此，土地公告現值為課徵土地增值稅的稅基。

　　有鑑於此，只要土地公告現值上漲，便會影響稅金的多寡，例如只要持有土地，就會有地價稅；若賣掉不動產，就會有土地增值稅；贈與不動產，贈與時價就是用土地公告現值來計算贈與總額；把房子留給下一代，不動產的遺產稅也是用土地公告現值來計入遺產總額。

　　舉例來說，假設你有一間不動產在今年土地公告現值是1,000 萬元，若每年漲 10%，10 年後，這筆不動產的土地公告現值將變成約 2,600 萬元，再以遺產稅率 10%計算，該筆土地的遺產稅從 10 年前的 100 萬元，10 年將後增加至 260 萬元，影響很大。

　　另外，過去不動產的土地公告現值，通常比市價（實際

（續下頁）

買賣成交價）還低很多，尤其在寸土寸金的黃金地段，有些新房子，土地公告現值只有市價不到 30％。若是政府有心且決定讓土地公告現值趨近於市價的話，所有跟不動產相關的稅負也會因此暴漲。

　　不過，實際上公告土地現值與市價仍存有相當差距，以臺北 101 大樓為例，2019 年土地公告現值每坪 584 萬元，但市價破千萬元，土地公告現值僅是市價的 50％～ 60％，不太可能達到 90％。實際上，政府在評估地價時，是以區段方式調查，和市場上一般可立即開發土地價格有明顯落差；不過，房價較親民的區域或鄉下，可能土地公告現值與市價就會如政府所公布的比較接近。

圖表 3-2　2015 年及 2021 年土地公告現值占市價比率

單位：％

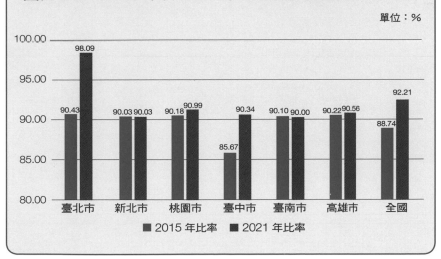

遺產與贈與的節稅細節

● 贈與有房貸的房子給子女時，須注意子女必須有還款能力，而且不得把父母未來每年的贈與免稅額244萬元當成有還款能力的證明。

● 若是把父母贈與的不動產再轉賣出去，轉賣時的取得成本，是以當初受贈時的時價（土地公告現價及房屋評定現值）計算，並非以父母購買這筆不動產時的交易價格計算。

● 贈與資產給他人，若已申報完成，受贈人也已經獲得資產，就算事後違約或撤銷，仍得繳納10%～20%的贈與稅。

第 **2** 節
從買到賣，
房子每走一步都有稅

　　雖然送房子會比送現金更節稅，但只要跟不動產沾上關係，就會有各種稅捐跟著上身，我用以下這個小故事說明。

　　一對小夫妻婚後買了一棟房子，買房子時繳了契稅，之後每一年都要繳房屋稅及地價稅。3 年後他們生了孩子，覺得房子太小住不下，要換一間大一點的，於是賣房子時要繳土地增值稅、房屋交易所得稅或房地合一稅，訂定買賣契約時要貼印花，再課印花稅。

　　後來，他們又買了一間房子，一樣要繳契稅。當兩人年紀漸長，決定把其中一間贈與給小孩，又再繳了土地增值稅、契稅及贈與稅。最後這對夫妻離開人世，把房子傳給小孩繼承，小孩繳了遺產稅後，全部房子歸小孩所有。

　　從取得、擁有到賣出，或最後傳承給下一代的各個階段，這些和房屋有關的事，都離不開稅。

　　不動產的各種稅負，有規定課稅的對象及課徵的時機：買屋

時要繳契稅；當持有房地產的那一刻起，每年都要繳土地的地價稅及建物的房屋稅；賣出時，土地要繳土地增值稅，房屋要繳房地合一稅（房地新制）或財產交易所得稅（房地舊制）；進行房地產交易時，簽訂的契約要繳印花稅，交易產生的所得要繳交所得稅。

如果是用不動產來做資產傳承，**贈與房地產給他人時，要課贈與稅、契稅及土地增值稅，而被繼承的房地產則要課遺產稅。**

圖表 3-3　不動產相關稅負

課稅時機	項目	稅捐
買進時	房屋	契稅（6%）
	土地	✕
持有時	房屋	房屋稅（0.6%～5%）
	土地	地價稅（0.2%～5.5%）
賣出時	房屋	舊制：財產交易所得稅（5%～40%） 新制：房地合一稅（10%～45%）
	土地	土地增值稅（10%～40%）、 新制房地合一稅（10%～45%）
簽訂買賣契約時		印花稅（0.1%）
繼承時		遺產稅（10%～20%）
贈與時		贈與稅（10%～20%） 契稅（6%） 土地增值稅（10%～40%）
營利事業交易時		營業稅（5%） 營利事業所得稅（20%～45%）

如果是營利事業交易的房屋，則還要再多繳營業稅及營利事業所得稅。

你的房屋稅率是多少？

過去幾年房屋稅制的變動有開徵豪宅稅，以及調高房屋稅稅率、核定單價及地段率等，其中房屋稅稅率會依照不同用途，適用不同稅率。

針對住家用稅率，如果是自住房屋，而且無出租，並限制本人、配偶或直系親屬實際居住使用，加上本人、配偶及未成年子女全國合計 1 戶以內，適用最低房屋稅率 0.6％，3 戶以內 1.2％；另外，為了社會公益目的，公益出租人出租使用及社會住宅包租代管也適用最低的房屋稅率 0.6％；而供其他人住家用房屋稅率最高為 3.6％，這些規定視各縣市而有所差異。

以臺北市為例，若同一人持有 1 戶以內，而且符合房屋自住使用的規定，稅率 0.6％，3 戶以內 1.2％；持有非自住之住家用房屋，在 2 戶以下者每戶適用 2.4％，持有 3 戶以上者每戶適用 3.6％（見下頁圖表 3-4）。

房屋稅的計算公式如下：

應納稅額＝房屋課稅現值 × 稅率

圖表 3-4　房屋稅率

房屋使用情況		法定稅率		臺北市稅率
		最低	最高	
住家用	自住	1.2%	1.2%	僅持有 1 戶 0.6%（相當稅率）持有 3 戶以內 1.2%
	公益出租人出租使用、社會住宅包租代管	1.2%	1.2%	0.6%（相當稅率）
	非自住之其他住家用	1.2%	1.2%	持有臺北市 2 戶以下者，每戶 2.4%
				持有臺北市 3 戶以上者，每戶 3.6%
非住家用	營業、私人醫院、診所、自由職業事務所使用	3%	5%	3%
	人民團體等非營業使用	1.5%	2.5%	2%
空置房屋		1.5%	3.6%	2%～3.6%

資料來源：財政部稅務入口網。

不動產持有稅，繳得比汽車牌照稅還少？

　　據聞藝人周杰倫所住的臺北市中正區豪宅「元大一品苑」，一戶市價約 1.3 億元，而他每年繳的不動產持有稅是 5.4 萬元。他同時也擁有許多跑車，其中有一輛 4,400c.c. 跑車的汽車燃料費和牌照稅，每年都要繳 5.7 萬元，這樣看來，他繳跑車的稅比

房子還多。

　　當時看到這則新聞後，我驚訝的叫一個朋友拿出他的稅單來比較看看，發現果真汽車的持有稅，比房子的持有稅還高。

　　朋友拿出一棟位於臺北市文山區、市價 2,100 萬元、42 坪房子所繳的房屋稅單及地價稅單，計算下來，他每年所繳的房屋稅是 3,754 元，加上地價稅 2,460 元，合計每年不動產持有稅是 6,214 元。再除以房子的市價，可以得出實質稅率是 0.03％，其計算如下：

不動產持有稅＝ 3,754 元＋ 2,460 元＝ 6,214 元

實質稅率＝ 6,214 元 ÷2,100 萬元＝ 0.03%

　　同時，他有一輛 2,000c.c. 的汽車，每年要繳汽車牌照稅 1.12 萬元，還有 1 間在美國堪薩斯城（Kansas City）、市價 30 萬美元（按：約新臺幣 900 萬元）的房子，每年財產稅約付 4,000 美元（按：約新臺幣 12 萬元），得出實質稅率是 1.33％，其計算如下：

實質稅率＝ 4,000 美元 ÷30 萬美元＝ 1.33%

　　從以上 3 個數據來比較，可以得知，養車比養臺北市房子的稅金還貴；另外，他在美國的房子也比臺北市的持有稅高出很多，實質稅率相差竟然高達 44 倍！

　　從上述例子看下來，你覺得是美國國稅局（Internal Revenue Service，簡稱 IRS）厲害，還是臺灣國稅局厲害？而這也是為什麼政府近年來，不斷調高公告地價或房屋評定現值的原因之一，因為不動產持有稅的課稅基礎，就是公告地價或評定現值。

想住大房子，請繳豪宅稅

　　據聞 2022 年 3 月，某知名食品業家族買下了位於臺北市信義區的都更高價宅「森業永春」，該案成交總價為 7,988 萬元，僅差 12 萬元就會到達要課豪宅稅的 8,000 萬元總價門檻，這顯示了買方在購屋時，可能有想避開被課豪宅稅的考量。

　　什麼是豪宅稅？由於以往高級住宅與一般房屋課稅之評價標準相同，但高級住宅較鄰近一般房屋的房價貴很多，表示其稅負明顯偏低。因此政府為了促進租稅負擔合理化，更真實反映高級住宅應有的房屋評價及稅負能力，同時防堵高所得者透過購置高級住宅，規避遺產及贈與稅，期使課稅更趨公平合理，於是從 2011 年 7 月 1 日起，對高級住宅加價課徵房屋稅。

　　依照國稅局的定義，什麼叫豪宅（高級住宅）？以臺北市為例，依據《臺北市房屋標準價格及房屋現值評定作業要點》就是：

房屋為鋼筋混凝土以上構造等級，用途為住宅，經過按戶認定房地總價在 8,000 萬元（含車位價）以上者，就認定為高級住宅。

　　另外，考量住屋價格與停車位價格不同，房屋總面積（不含停車位）在 80 坪以下者，2 個以下停車位價應計入房地總價；超過 80 坪但在 160 坪以下者，3 個以下停車位價應計入；超過 160 坪者，4 個以下停車位價應計入。其餘超過部分的停車位不計入。

　　有鑑於此，從 2017 年 7 月起，豪宅稅加價方式有以下 2 種：

1. 在 2001 年 6 月 30 日以前建築完成的高級住宅

　　因適用原房屋標準單價，仍按該棟房屋坐落地點之街路等級調整率（以下簡稱路段率）加價核計。

　　例如原標準單價為 5,080 元，依路段率 200％加價方式調整後，該高級住宅的標準單價為每平方公尺 15,240 元（5,080 元 ×〔1+200％〕）。

2. 在 2001 年 7 月 1 日以後建築完成的高級住宅

　　因適用於 2014 年 7 月起的新標準單價，自 2017 年 7 月起，改按固定比率 120％加價。例如高級住宅適用新標準單價每平方公尺 13,200 元，依固定比率 120％加價方式調整後，該高級住宅之標準單價為每平方公尺 29,040 元（13,200 元 ×〔1 + 120％〕）。

從上可知，豪宅稅管制至今仍未解套，高端客戶房屋持有稅成本將差到 1.2 倍之多，讓許多買家在購屋總價上，希望盡量壓低在總價 8,000 萬元以內，以減輕持有成本的壓力和差異。

一生一次、一生一屋的土地增值稅

稅率可高達 40％的土地增值稅，也是大家在買賣不動產時負擔很重的一項稅目，它是來自於國父孫中山「平均地權」的理念。所謂平均地權，即是指私人土地的漲價利益，不該由地主獨享，而是應讓社會大眾共享土地增值的好處。也就是說，土地增值稅是針對土地所有權人的土地於移轉時，因自然漲價、並按照土地漲價總數額採用倍數累進稅率，計算繳納的一種租稅。其計算公式如下：

土地增值稅＝土地漲價總數額 × 稅率－累進差額

決定土地增值稅多寡有 2 個主要關鍵因素，一個是土地漲價總數額，另一個是決定稅率的漲價倍數。

土地漲價總數額，即是在持有的期間，這塊土地到底實際增值了多少，所以漲價總數額就是：出售土地（所有權移轉或設定典權）時的公告現值－購買時的公告現值（前次移轉現值或原規

定地價及土地改良費用後的數額）。其中，原規定地價及前次移轉時核計土地增值稅之現值，當遇到物價有變動時，要按政府發布的物價指數調整後，再重新計算土地漲價總數額，其計算公式如下：

土地漲價總數額＝申報土地移轉現值－原規定地價或前次移轉時所申報之土地移轉現值×（臺灣地區消費者物價總指數÷100）－（改良土地費用＋工程受益費＋土地重劃負擔總費用）

另一個關鍵因素為漲價倍數，是指土地價值到底增加了幾倍，增加倍數越高，稅率就越高，所以漲價倍數是按土地漲價總數額，除以當初取得時的原地價。而在計算這些數據時，因時光的推移經過，物價早已成長，因此，一定要按物價指數調整才能反映真實的價值波動，其計算公式如下：

漲價倍數＝土地漲價總數額 ÷ 按物價指數調整後之原地價

簡單來說，土地增值稅的金額等於土地漲價總數額乘上稅率，而一般用地按漲價倍數分 3 級稅率 20％～ 40％累進課徵，下頁圖表 3-5 是我整理出來的速算表。

圖表 3-5　一般用地稅率速算表

稅級別＼持有年限	20 年以下	20 年～30 年	30 年～40 年	40 年以上
第一級： 漲價倍數＜1	a×20%	a×20%	a×20%	a×20%
第二級： 1≦漲價倍數＜2	a×30%－ b×10%	a×28%－ b×8%	a×27%－ b×7%	a×26%－ b×6%
第三級： 漲價倍數≧2	a×40%－ b×30%	a×36%－ b×24%	a×34%－ b×21%	a×32%－ b×18%

註：a為土地漲價總數額，b為原規定地價或前次移轉現值總額（按物價指數調整過後之總額）。

　　舉例而言，假設林先生買一塊土地的現值為 100 元，持有年限是 20 年以下，賣出時移轉現值為 360 元，而這期間的物價指數調整為 120%，那麼土地漲價總數額為 240 元，其計算如下（單純計算，暫先忽略改良土地費用、工程受益費、土地重劃負擔總費用）：

土地漲價總數額＝360 元－（100×120%）＝240 元

　　土地漲價總數額為 240 元，再除以按物價指數調整後的原地價 120 元，可以得出漲價倍數為 2（土地價值增加了 2 倍）。因為漲價倍數分 3 級稅率累進課徵，所以再根據圖表 3-5 的速算表計算，得出最終土地增值稅應納稅額為 60 元，其計算如下：

漲價倍數＝ 240 元 ÷（100 元 ×120%）＝ 2

土地增值稅＝ 240 元 ×40%－ 120×30%＝ 96 元－ 36 元
　　　　　＝ 60 元

　　看到這裡，一定會想知道土地增值稅有沒有辦法節稅？有！
而且**有機會退稅或是以 10%的優惠稅率來課徵，但前提得符合
自用住宅的條件。**

　　每個人一生中都有一次可以先使用 10%的優惠稅率，之後
陸續再換屋時，只要名下僅有一間房屋，且符合適用條件（見
下頁圖表 3-6），就可以繼續無限次的適用自用住宅優惠稅率
10%，我們稱為「一生一次」及「一生一屋」。其計算公式如下：

自用住宅用地稅額＝土地漲價總數額 × 10%

　　另外，就算已經繳納了 10%的土地增值稅，只要在 2 年內
再去買一間土地比較貴的房子，且符合適用條件（見下頁圖表
3-6），就可以去向國稅局申請退稅，稱為「重購退稅」。

　　土地重購退稅優惠，指的是土地所有權人在出售自用住宅用
地，從完成移轉登記之日起，2 年內重購自用住宅用地，其新購
土地地價超過原出售土地地價，扣除繳納土地增值稅之餘額者，

可以向主管稽徵機關申請就其已納土地增值稅額內，退還其不足
支付新購土地地價的數額。

　　但重購退稅也設有追稅條款，即土地所有權人因重購土地，
退還土地增值稅，其重購土地於 5 年內不得再移轉（如買賣、贈
與、拍賣），或是土地變更其他用途使用（如設籍人遷出、出租、

圖表 3-6　一生一次 vs. 一生一屋 vs. 重購退稅

減稅優惠		一生一次	一生一屋	重購退稅
稅率		10%	10%	退稅
限制條件	出售面積	都市：3 公畝 非都市：7 公畝	都市：1.5 公畝 非都市：3.5 公畝	都市：3 公畝 非都市：7 公畝
	設籍對象	本人或其配偶、直系親屬。	本人或其配偶、直系親屬。	本人或其配偶、直系親屬。
	設籍及持有期間	不限	連續 6 年	不限
	擁有房地戶數	不限	本人＋配偶＋未成年子女，名下總計僅有 1 戶。	不限
	用途	自用，出售前 1 年不得有出租或營業情形。	自用，出售前 5 年不得有出租或營業情形。	自用，出售前 1 年不得有出租或營業情形。
可使用次數		一次	無限	無限
新舊土地買賣價格		不限	不限	新屋＞舊屋
買賣完成期限		不限	不限	2 年內

註：1公畝＝30.25坪。

營業），否則就要追繳原退還稅款。

　　以上 3 種換屋優惠，除了一生一次與一生一屋不能併用，而且必須優先使用一生一次之外，均能同時搭配重購退稅優惠措施使用。

遺產與贈與的節稅細節

● 用不動產來做資產傳承，贈與房地產給他人時，要被課徵贈與稅、契稅及土地增值稅，而被繼承的房地產，則要被課徵遺產稅。

● 只要符合自用住宅的條件，土地增值稅就可以10％的優惠稅率來課徵，且每個人一生中都有1次可以先使用10％的優惠稅率，之後陸續換屋時，只要名下僅有1間房屋且符合適用條件，就可以繼續無限次適用自用住宅優惠稅率10％。

第 **3** 節
實價登錄房價看透透，
實價課稅一毛都躲不過

　　2013 年有一則新聞曾報導，國庫日益拮据，加上當時實價登錄上路剛滿 1 年，房仲業者透露，國稅局要求實價申報的案件有增加趨勢，豪宅屋主更成為重災區。甚至有民眾以總價 8,000 萬元出售大安區豪宅，原以評定現值申報交易所得，結果國稅局以實價登錄為本，要求補稅，稅金從大約 28 萬元暴增到 240 萬元，差距近 9 倍，屋主欲哭無淚。

實價登錄，2020年新制：紅單交易納管

　　不動產實價登錄自 2012 年 8 月 1 日開始實施，規定買主或地政士或不動產經紀業者，應於辦竣買賣移轉登記後 30 日內，向主管機關申報登錄不動產交易資訊。違反將處以 3 萬元到 15 萬元的罰鍰，直到改正為止。

　　不動產實價登錄制重點包括：

1. 實施日期：2012 年 8 月 1 日實施，新制於 2020 年 7 月 1 日起實施。

2. 登錄時間：買賣不動產移轉登記或簽訂預售屋買賣契約後 30 日內。

3. 登錄方式：至地政事務所申報登錄或線上申報登錄。

4. 登錄項目：買賣土地、建物、停車位、預售屋之實際成交價，以及租賃委託案件實際成交價等資訊。

5. 登錄人：權利人（買方）、地政士、不動產經紀業者。

6. 相關處罰規定：逾期或登錄不實被查獲者處 3 萬元～ 15 萬元罰鍰，要求期限內改正，未改正者將按次處罰；罰鍰 2 次仍未改善者，將加重按次處 30 萬元～ 100 萬元罰鍰。

7. 資料公開方式：地號、門牌等成交資訊完整揭露，並溯及修法前已申報登錄之成交資訊。

8. 紅單交易納管：（2020 年新增項目）

- 預售屋銷售者收受定金時，應以書面契據確立標的物及價金等事項，並不得約定銷售者保留出售、保留簽約的權利或其他不利於買方事項。

- 買受人不得將預售屋紅單轉售予第三人，違法者將按戶（棟）處 15 萬元～ 100 萬元罰鍰。

2020 年，立法院三讀通過《平均地權條例》、《地政士法》及《不動產經紀業管理條例》等三法修正草案，這次修法除了將

門牌及地號完整揭露、預售屋全面納管且即時申報、增訂主管機關查核權及加重罰責外，也納入預售屋紅單交易管理及定型化契約備查規定。

「紅單交易納管」是此次修法的重點，所謂「紅單」，是指看過預售屋建案後，覺得滿意想要先付訂金，以保留購買的資格（即是俗稱的下訂），而與建商或代銷業者簽訂的「購屋買賣預約單」。

如果在房市多頭快漲的情況下，將紅單轉賣給其他想買房的人，可能每坪可賺到 3 萬元～ 5 萬元，這是因為紅單階段還沒簽訂正式的買賣合約，還可以向業者退訂拿回訂金，等於是「無本生意」，尤其在建案潛銷期時，獲利會更大。

舉例來說：假設投資客與建商下訂 30 坪、每坪 40 萬元的早鳥價，只要先付 10 萬元訂金。後來市場價格每坪上漲至 50 萬元，新的買家即使開價 45 萬元，表面看似撿到便宜，但投資客早就從中獲利，每坪現賺 5 萬元，30 坪就賺了 150 萬元。

從上面的例子可以想見，投資客炒作紅單，會讓上漲的房子漲得更凶，也會造成波動劇烈。還有，由於紅單尚未簽定正式買賣合約，也沒有到地政登記，所以有獲利的話，國稅局不易查到。

而不動產時價登錄新制，將紅單交易納管，不但規定預售屋銷售者收受訂金時應立書面契據，且要在簽訂契約後 30 日內揭露，更限制買受人不得將預售屋紅單轉售予第三人。

納管之後會發生什麼現象？將會扼止投資客的炒作，並控制

房價上漲的力量。然而,實務上就要看政府稽查的技術功力,以及建商、代銷業者的配合度。

通常一般人較少會轉讓紅單,都是下訂後依照流程議價、簽訂合約、依照工期付工程款等,頂多就是退訂而已。這次修法的紅單納管,更保障了一般民眾的權益,買屋能夠買在真實合理的房價。

另外,2023 年初立法院三讀通過,且總統亦公布《平均地權條例》修正案,新增5大重點遏止炒房,包括限制換約轉售、禁止炒作行為、建立檢舉獎金制度、預售屋解約須申報登錄、限制私法人(按:依照《民法》、《公司法》等規範私權關係的「私法」規定所成立的法人組織)購屋等。

那麼,不動產陸續增加稅負成本,稅負到底增加多少?右頁圖表 3-7 以臺北市大安區指標案例做出計算、比較,從過去房屋以部頒標準計稅、實價登錄後、奢侈稅,到新制房地合一稅,一窺財政部對於不動產課稅之變化及課稅趨勢。

實價登錄前,賣房相當於送國稅局一輛賓士車

在 2016 年以前(舊制),核算財產交易所得時,應該以房屋出售時的成交價額,減掉原始取得成本,再減掉因取得、改良與移轉該房屋而支付的一切費用後的餘額為所得額,併入個人綜

圖表 3-7　臺北市大安區不動產買賣案件範例

項目		賣出	買進	買賣差額	房地比
土地	市價	2.64 億元	1.185 億元	1.455 億元	
	公告現值	6,400 萬元	1,950 萬元	4,450 萬元	80%
房屋	市價	6,600 萬元	3,950 萬元	2,650 萬元	
	評定現值	1,600 萬元	650 萬元	950 萬元	20%
總價	市價	3.3 億元	1.58 億元	1.72 億元	
	現值	8,000 萬元	2,600 萬元	5,400 萬元	100%
所得額標準		43%			
所得額標準—高級住宅		48%			
土地增值稅		1,100 萬元			
仲介等費用		1,000 萬元			

合所得總額申報。

　　申報財產交易所得，如果能提出交易時的成交價額及成本費用的證明文件，就應該以收入減掉成本及必要費用來核實計算；如果不能核實申報或未能提出證明文件者，被國稅局查到實際成交價額，將依照查到的資料核定；若未能查到資料，則按財政部頒定的財產交易所得標準核定（每年每個地區都會公布標準，臺北市房屋所得額比率在 2021 年度為 43％，高級住宅為 48％；新北市為 14％～ 38％，其他縣市可至財政部國稅局官網查詢）。

　　另外，關於可減掉的相關成本及費用，移轉費用為出售房屋支付的必要費用，包括仲介費、廣告費、清潔費、搬運費等；成本則有下列 4 項：

　　1. 取得房屋的價金。

　　2. 購入房屋達到可供使用狀態前支付的必要費用，包括契稅、印花稅、代書費、規費、監證或公證費、仲介費等。

　　3. 當初這棟房子尚未登記在自己名下之前，向金融機構借款的利息。

　　4. 取得房屋所有權後，使用期間支付能增加房屋價值或效能，而且不是 2 年內所能耗竭的增置、改良或修繕費。

　　取得房屋所有權後，在出售前所繳納的房屋稅、管理費及清潔費、金融機構借款利息等，都是屬於使用期間的相對代價，不得列為成本或費用減除。右頁圖表 3-8 是上述內容的整理。

　　回到前面臺北市大安區不動產買賣案件來看，大部分的人通常會以財政部每年頒布的標準，來申報房屋交易所得稅，在未被國稅局查到房屋買價及賣價時，計算方式為：

　　用房屋評定現值 1,600 萬元，乘以臺北市高級住宅財產交易所得標準 48％（2021 年），得出房屋交易所得 768 萬元，併入綜合所得總額後，適用綜所稅最高稅率 40％，在不考慮累進差額的狀況之下，該筆房屋出售所得，應課 307 萬的所得稅。相當於賣該棟房子，要送一輛賓士車給國稅局。

　　如果是個人非居住者，所得計算方式與前面相同，但最後稅

圖表 3-8　房地合一稅前（2016 年之前），房屋交易所得認定

● **有實際成交價額及成本費用證明文件時**

房屋交易所得＝房屋售價－原購屋成本－取得改良移轉費用

房屋售價：若契約僅列示總價，按房屋評定現值與土地公告
現值比例，分攤房屋售價。

取得改良移轉費用：

1. 買入後未達可供使用狀態前，支付的必要費用。像是契
   稅、印花稅、代書費、規費、監證或公證費、仲介費等。
2. 出售房屋支付的仲介費、廣告費、清潔費、搬運費等。

● **無證明文件時**

以財政部頒定的財產交易所得標準核定

房屋交易所得＝房屋評定現值 ×43%（2021 年度臺北市）

率用 20％扣繳，房屋出售所得應課 154 萬元的所得稅（見下頁
圖表 3-9）。

實價登錄後，影響多少不動產交易所得稅？

　　前面提及，國稅局若查到實際成交價額，將依照查到的資
料核定，而在 2012 年 8 月以前，因為國稅局很難掌握實際成交

圖表 3-9　實價登錄前的不動產交易所得稅計算

未查得房屋買賣價		部頒標準
房屋評定現值		1,600 萬元
╳ 所得額標準—高級住宅		48%
房屋交易所得		768 萬元
╳ 所得稅率	居住者	40%
	非居住者	20%
所得稅	居住者	307 萬元
	非居住者	154 萬元

額，所以大家仍用所得額標準去申報較低的稅。

　　然而，從 2012 年 8 月開始實施實價登錄後，不論是誰，只要上網便能查得到房子附近的實價登錄行情，若被國稅局抓到，就會要求重新計算核定所得及稅額。

　　下面同樣以臺北市大安區不動產買賣案件來個別說明，面對 3 種狀況時，該怎麼計算不動產交易所得稅（見第 197 頁圖表 3-10）。

1. 僅查得房屋賣價，不動產買賣合約無房地比

　　如果是在 2012 年 8 月以前買的房子，之後在 2012 年 8 月賣掉，那麼國稅局只能掌握 2012 年 8 月實價登錄之後，賣掉房屋加土地的總成交價 3.3 億元，卻不知買進房屋時的價格，再加

上你不提供不動產買賣合約書，國稅局也無法得知房屋部分占總價的多少比例，所以就會用賣掉房屋加土地的總成交價 3.3 億元乘以房屋占比 20％（房屋評定現值 1,600 萬元 ÷〔房屋評定現值 1,600 萬元＋土地公告現值 6,400 萬元〕），得出歸屬於房屋的收入（不含土地）6,600 萬元。

再以 6,600 萬元乘上財政部規定的純益率 17％，計算出財產交易所得額為 1,122 萬元。併入綜合所得總額後，再乘上適用最高稅率 40％後，應課所得稅 449 萬元。會比之前用財政部頒布的所得額標準，多繳了 142 萬元，相當於再多送一輛豐田（TOYOTA）高階汽車給國稅局。

2. 查得房屋買賣價，不動產買賣合約無房地比

如果房屋買賣的時間皆在 2012 年 8 月實價登錄之後，那麼國稅局除了能查到該房賣掉時的成交價，也大約能掌握最初的買價了。

這麼一來，就算不動產買賣合約中沒有註明房地比，計算所得的方式便極可能用房地買賣價差 1.72 億元（出售的成交價 3.3 億元－買進時的成本成交價 1.58 億元），減掉土地增值稅 1,100 萬元及仲介費等費用 1,000 萬元之後，得出房地交易所得為 1.51 億元。

1.51 億元再乘以房地比 20％，得出房屋交易所得 3,020 萬元，接著併入綜合所得總額後，再乘上適用最高稅率 40％，應

課所得稅 1,208 萬元。比之前用財政部頒布的所得額標準,多繳了 901 萬元,相當於多送國稅局一輛保時捷(Porsche)911 GT3 跑車。

3. 查得房屋買賣價,不動產買賣合約有房地比

若不動產買賣合約中,都有註明購買及販賣時的房地比,那麼會用房屋部分價差 2,650 萬元(出售房屋部分的價格 6,600 萬元—買進時的價格 3,950 萬元),再減掉仲介費等屬於房屋部分的 200 萬元(費用總額 1,000 萬 ×20％ 房地比)後,得出房屋交易所得 2,450 萬元。

房屋交易所得 2,450 萬元併入綜合所得總額後,再乘上適用最高稅率 40％,應課所得稅 980 萬。比之前用財政部頒布的所得額標準,多繳了 673 萬元,相當於再多送國稅局一輛保時捷 911 Carrera 跑車。

如果是個人非居住者面對上述 3 種狀況,所得計算方式相同,但稅率是用 20％ 扣繳,也就是應課 224 萬元、604 萬元、490 萬元的所得稅(見右頁圖表 3-10)。

由於實價登錄後,國稅局能掌握鄰近不動產成交行情,若依財政部頒標準所申報的房屋交易所得明顯過低,國稅局將來函詢問,並可能依實際行情調整稅金。這點必須有心理準備,請務必小心。

圖表 3-10　實價登錄後的不動產交易所得稅計算

僅查得房屋賣價，合約無房地比		查得房屋買賣價，合約無房地比		查得房屋買賣價，合約有房地比	
房地總成交額	3.3億元	房地買賣價差	1.72億元	房屋部分價差	2,650萬元
× 房地比	20%	一土地增值稅	1,100萬元	一仲介等費用	1,000萬元
歸屬房屋收入	6,600萬元	一仲介等費用	1,000萬元	× 房地比	20%
× 部分純益率	17%	× 房地比	20%	一歸屬房屋費用	200萬元
財產交易所得	1,122萬元	財產交易所得	3,020萬元	財產交易所得	2,450萬元
× 所得稅率	居住者 40%	× 所得稅率	居住者 40%	× 所得稅率	居住者 40%
	非居住者 20%		非居住者 20%		非居住者 20%
所得稅	居住者 449萬元	所得稅	居住者 1,208萬元	所得稅	居住者 980萬元
	非居住者 224萬元		非居住者 604萬元		非居住者 490萬元

第 4 節
「房地合一」稅變大，
自住、重購可節稅

2015 年 6 月 5 日，立法院三讀通過「房地合一稅」的《所得稅法》修正案，將數十年來房地買賣獲利時，房屋應稅而土地免稅之房地分開計稅方式，改採房屋與土地均「應稅」之房地合一課稅。

這一項重大改革從 2016 年 1 月 1 日起正式實施，而課稅嚴峻的「奢侈稅」（特種貨物及勞務稅）中，房地部分同時退場，很多人都不清楚，這個轉變對於個人或公司買賣不動產時，到底會增加多少稅負，所以我在 2015 年受邀到非常多場合，做房地合一稅的專題演講。

照理說，不動產的稅負成本增加，建設公司、不動產代銷或仲介業應該不會想邀請我來為他們的客戶演講才對，但是這些不動產業者很精明，他們認為，就是因為 2016 年才要開始實施，所以房屋最佳的買進時機就是 2015 年！

我們把時光拉回到 2015 年的 12 月 25 日，聖誕節當天，某

家不動產業者舉辦了大型的客戶說明會，邀請會計師演講房地合一稅。

在會計師講完後，業務代表上臺大聲問聽眾：「你們看，房地合一稅明年開始實施，所以什麼時候是最佳買進時機？」旁邊一堆業務鼓譟大家回答：「現在就是最佳買進時機！」

假設你非常有錢，買下這一戶根本是九牛一毛，就像玩大富翁一樣，走到每一格都會想買下該格標示的土地及房屋，在不考慮房價未來漲跌等其他因素，你會當場簽約嗎？

首先，房地合一稅適用範圍有：個人或營利事業交易的房屋、土地，時間上包含：

1. 於 2016 年 1 月 1 日以後取得。

2. 交易預售屋及其坐落基地、以設定地上權方式之房屋使用權（2016 年元旦後〔含〕取得房地，且於 2021 年 7 月 1 日後出售）。

3. 特定股權交易：交易未上市（櫃）、未興櫃股份或出資額時，若持股（或出資額）超過總股份（或總出資額）的一半，且該營利事業股權（或出資額）價值 50％以上是由國內房地構成（於 2021 年 7 月 1 日後出售）。

根據上述時間取得的房屋、土地，應依照《所得稅法》第 4-4 條、第 4-5 條、第 14-4 條至第 14-8 條、第 24-5 條，房地合一稅相關規定課徵所得稅。

關於第 3 項，房地合一稅為什麼會跟股票有關？這是因為

政府為了防堵個人短期炒作不動產，透過成立公司持有房地產，再以出售股權達到規避房地交易所得稅負，所以特別新增將特定股權交易也視為不動產交易。

　　基本上，個人計稅方式為：房屋土地交易收入減除房地買進成本及移轉費用，再減除當次交易依《土地稅法》規定計算的土地漲價總數額（即計算土地增值稅的基礎，詳見第 3 章第 2 節）後，乘上各段稅率，其計算公式如下：

土地漲價總數額＝申報土地移轉現值－原規定地價或前次移轉時所申報之土地移轉現值 ×（臺灣地區消費者物價總指數÷100）－（改良土地費用＋工程受益費＋土地重劃負擔總費用）

買賣取得之房地所得稅＝（房地售價－買進成本－費用－土地漲價總數額）× 稅率

　　買進成本，包含以下項目：

　　1. 購入房地的價格及達可供使用狀態前支付之必要費用，例如：契稅、印花稅、代書費、規費、公證費、仲介費。

　　2. 取得房屋後，於使用期間支付能增加房屋價值或效能，且非 2 年內所能耗竭之增置、改良或修繕費。

　　3. 依《土地稅法施行細則》第 51 條規定，經主管稽徵機關核准減除改良土地已支付之費用，例如：改良土地費用、工程受

益費、土地重劃負擔總費用、因土地使用變更而無償捐贈作為公共設施用地其捐贈土地之公告現值。

減除的費用，指的是房地取得、改良及移轉費用，依照納稅義務人提出的相關證明文件來認列減除，例如：仲介費、廣告費、清潔費、搬運費。

如果未提示證明文件，或提示的費用小於成交價的 3％，則以成交價的 3％ 來認定費用，但是可以減除的上限為 30 萬元（按：若為 2021 年 7 月 1 日前出售房地，費用為成交價的 5％，且無上限金額）。

政府為了防杜個人利用土地增值稅稅率與房地合一所得稅稅率之間的差異，以自行申報高於公告土地現值的土地移轉現值方式，來規避所得稅負，自 2021 年 7 月 1 日起，所減除的土地漲價總數額有上限規定，以交易當年度公告土地現值減除前次移轉現值所計算的土地漲價總數額為限，超過部分不得減除。但其屬於超過部分土地漲價總數額計算繳納的土地增值稅，可以費用列支。

稅率的部分，房地合一稅制分境內外居住者繳納。（見第 204 頁圖表 3-11）境內居住者依房屋持有的期間，如果持有超過 10 年，稅率 15％；持有 10 年以內、超過 5 年，稅率 20％；持有 5 年以內、超過 2 年，稅率 35％，若持有 2 年以內就賣掉，稅率高達 45％。

如果你是非居住者，就只有 2 種稅率，不動產持有期間 2 年

以內的話，稅率 45％；持有期間超過 2 年則稅率 35％。可以發現，房地合一稅對外國人（非居住者）非常不利，如果持有一間不動產超過 10 年、30 年，甚至是 100 年，稅率仍然是扣繳 35％，而且這樣乘下來的稅金將會非常驚人，是不是很不公平？

　　另外，若為繼承而取得的不動產，成本以繼承時價計算，其計算公式如下：

繼承取得之房地所得稅＝（房地售價－繼承時房屋評定現值與
土地公告現值合計數－費用－土地漲價總數額）× 稅率

　　過去許多人透過贈與不動產後，再售出而取得現金，是因不動產贈與稅僅依土地公告現值及房屋評定現值的 10％～ 20％來課稅。

　　但根據房地合一稅規定，若房地為繼承或受贈取得者，以繼承或受贈時的土地公告現值及房屋評定現值，按物價指數調整後的價值為原始取得成本，這將會使得受贈者的房地交易所得大幅增加。

　　因此，建議先多比較受贈人出售不動產的高額所得稅，也許贈與房地方式的總稅負（贈與稅＋受贈人之後出售房屋的所得稅）不見得比贈與現金方式所繳的贈與稅還低，應重新評估，做好節稅的布局。

房地合一稅怎麼節稅？

你看到這裡或許會好奇，實施房地合一稅後到底怎麼節稅？不用擔心，**房地合一稅和土地增值稅相似，政府也有重購退稅及自用住宅優惠。**

圖表 3-11　房地合一稅稅率

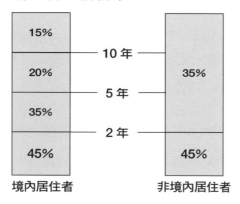

基本上，若符合自用住宅相關條件者，獲利金額可扣除 400 萬元免稅額（即房地合併獲利 400 萬元以下免稅）。而且出售獲利超過免稅額者，採單一稅率 10%。這麼一來，房地合一稅並不會加重你的稅負，就算有，也能用重購退稅的優惠制度（重新再購買一間房子，可以退回之前所繳的所得稅）。

房地合一稅自用住宅適用條件：

1. 個人或其配偶、未成年子女辦竣戶籍登記。

2. 持有並居住於該房屋連續滿 6 年。

3. 交易前 6 年內，無出租、供營業或執行業務使用。

4. 個人與其配偶及未成年子女於交易前 6 年內，未曾適用本項優惠規定。

自用住宅房地所得稅的計算公式如下：

自用住宅房地所得稅＝（〔房地售價－買進成本－費用－土地漲價總數額〕－免稅額 400 萬元）×10％

舉例來說，A 君在 2016 年 1 月 1 日，以 1,000 萬元買進了距離公司騎車半小時內即可到達的房子，作為自用住宅使用，並在 2026 年 1 月 2 日以 2,000 萬元出售。

因為 A 君持有該房產期間，符合房地合一稅制對自用住宅的各項要件，所以假設她的售屋獲利 1,000 萬元，減除 80 萬元仲介費等相關費用、土地漲價總數額 160 萬元、400 萬元免稅額後，相當於淨額 360 萬元，再按 10％的優惠稅率計算，得繳納 36 萬元的售屋所得稅。其計算如下：

自用住宅房地所得稅＝（1,000 萬元－ 80 萬元－ 160 萬元－ 400 萬元）×10％＝ 36 萬元

另外，自用住宅及重購退稅的租稅減免仍然適用，退稅原則與之前類似，即無論是先買後賣，或是先賣後買，只要買屋及賣屋之時間（以完成移轉登記之日為準）差距在 2 年以內，而且符合《所得稅法》有關自住房屋、土地的規定，即可申請重購退稅，按重購價額占出售價額的比例，退還其依規定繳納的稅額。

先買後售者，可於出售房地時之應納稅額內扣抵；先售後買者，則可於重購房地完成移轉登記之次日起 5 年內，申請自繳納稅額內退還。

重購退稅之退還金額分為：小屋換大屋（即重購的房屋價格高於出售價），全額退稅；大屋換小屋，比例退稅。換小屋的比例退稅額計算公式如下：

> 換小屋的比例退稅額＝房地合一稅 ×（新屋購入價格 ÷ 舊屋出售價格）

舉例來說，B 君於 2017 年購入甲屋，售價 1,000 萬元（假設以下房屋皆符合自住房屋、土地規定），在 2027 年出售甲屋，售價 2,000 萬元，獲利 1,000 萬元，土地漲價總數額 0，減掉免稅額 400 萬元再乘以稅率 10％，他得繳納房地合一稅 60 萬元，其計算如下：

自用住宅房地所得稅＝（1,000 萬元－ 400 萬元）×10%
　　　　　　　　＝ 60 萬元

B 君後來又於 2028 年以 3,000 萬元購入乙屋（價值高於甲屋），那他可以申請重購自用住宅退稅 60 萬元。但如果乙屋的價格為 1,500 萬元，價值小於甲屋，則可以申請重購自用住宅退稅為 45 萬元。其計算如下：

換小屋的比例退稅額＝ 60 萬元 ×（1,500 萬元 ÷2,000 萬元）
　　　　　　　　＝ 45 萬元

注意，若重購後 5 年內改作其他用途或再行移轉，將被國稅局追繳原扣抵或退還之稅額。

在過去，出售不動產的房屋獲利部分，應併入綜合所得總額課稅。然而，實施房地合一稅後，個人出售房地所得改採「分離課稅」，不再併入個人綜合所得稅（不在次年 5 月申報），是由賣方「辦完移轉登記」（過戶日）次日起 30 天內，檢附申報書、買賣契約書影本、繳稅收據、費用單據及其他有關文件，向國稅局申報繳納房地合一的利得稅（注意，出售房地不論盈虧、不論有無應納稅額，皆須向國稅局申報）。

　　還記得我一開頭介紹不動產業者在 2015 年聖誕節，請會計師演講房地合一稅新制的故事嗎？只要在 2016 年前買房子，而且持有 2 年以上，該房地出售所得即能適用舊制。再思考一下，如果是你會當場簽約嗎？

　　俗話說：「魔鬼藏在細節裡。」房地合一稅的課稅方式有一個重點，就是辦完移轉登記（過戶日）次日起，30 天內要申報繳稅。

　　那麼問題來了，你知道臺灣買賣過戶的作業時程嗎？平均要 20 天～ 45 天！所以如果你在 2015 年 12 月 25 日簽約，實際上過戶完成日，應該會落在 2016 年，一定得適用新制。正確來說，應考慮買賣簽約與過戶的冗長時程，只要在 2016 年 1 月 1 日前完成過戶，而且持有 2 年以上，該房地出售所得即能適用舊制。

　　回顧我自己在 2015 年第 4 季的演講行程，由於我擔心消費者會被誤導而做出錯誤決策，所以當時就算不動產業者給我再高的演講費酬勞，我也一概婉拒。

虧損扣抵可享 3 年，但新舊制不能互抵

　　個人出售房地產發生虧損時，該虧損得以從之後 3 年度的房地交易所得扣除。

　　注意，由於土地漲價總數額不是房地成本費用，在計算出售房地產是否虧損的公式，並不能扣除土地漲價總數額。

另外，不管是房地合一稅新制還是舊制，如果出售房產有損失，都可以享有 3 年的抵稅權。但要記得，分別按新、舊稅制計稅的房地交易所得與損失不能互抵，抵扣範圍僅限於相同稅制的交易損失。

會有這樣的限制，是因為新舊制適用的課稅方式不同，現行的舊制是將房屋和土地分開課稅（所得稅、土地增值稅），但房地合一稅新制，維持原有的土地增值稅，房屋、土地的利得必須合併課徵所得稅，依照土地稅法計算的土地漲價總數額，則可從房地收入中扣除。

舉例來說，林小姐在 2015 年 12 月出售持有滿 5 年的甲房地，售屋損失為 50 萬元。因為出售時間是在 2015 年，所以適用舊制。在 2016 年房地合一稅新制上路後，林小姐出售了另一筆持有 1 年的乙房地，獲利 100 萬元。由於兩筆房地適用的稅制不同，因此，出售甲房地損失的 50 萬元不能列為出售乙房地交易所得 100 萬元的扣除額。

但是如果例子改成：林小姐在 2018 年出售於 2016 年房地合一稅新制後所買的甲房地，售屋損失為 50 萬元。2019 年出售了另一筆持有 1 年的乙房地，獲利 100 萬元，由於兩筆交易都發生在房地合一稅新制期間，那麼這 100 萬元就可以扣除甲房地虧損的 50 萬元，以剩下的 50 萬元計入房地所得課稅。

防錯殺條款，降低正常購屋者的稅率

房地合一稅採實價課稅的目的，是為了打擊短期炒房客，但為了避免錯殺無辜百姓，政府有訂定防錯殺機制，將原本持有房地5年內就出售的情況要課35％以上，改成可視情況只課較低的稅率，詳細規定如下：

1. 非自願買賣

因調職、非自願離職、房地遭強制執行或其他非自願性因素，因為不算短期投機，所以出售持有5年以內的房地，稅率改扣20％。

例如：陳姓竹科工程師於2018年在新竹買了一間非自用住宅的房子，但2019年公司將他調去南港軟體園區工作，因此他被迫賣掉竹科的房子。原本適用房地合一稅稅率中，持有2年內要課45％，由於屬於調職非自願因素，所以用20％來課稅即可。

2. 合建

個人及營利事業以自有土地與建商合建分回房地交易，自土地取得日起算5年內完成銷售該房屋、土地者，稅率20％。

用自己的土地與建商合建房屋，若建商蓋房子很快，在5年內完成並銷售該房屋，那麼原本持有土地不到5年就移轉，要課35％以上的稅率。但政府認為這會增加房屋供給，不算短期

炒作，可降低稅率改用 20％來課稅。

3. 都市更新及危老重建

　　個人及營利事業提供土地、合法建築物、他項權利或資金，參與都市更新及危老重建者，其取得房地後第一次移轉且持有期間在 5 年內之交易，稅率 20％。

　　政府為了更新市容，鼓勵民眾將老舊房子作都更或危老重建，都更後會取得新登記的房地，若 5 年內第一次出售，原本要課 35％以上的稅率，予以較低稅率 20％來課徵。

4. 繼承

　　因繼承或受遺贈而得到房地者，可把逝者持有期間合併計入房地合一稅所規定的持有期間。

　　舉例來說，王先生在 2020 年賣掉於 2019 年從父親那繼承來的房子，因為他持有期間不到 2 年，應適用 45％ 的稅率，然而，因為該棟房子是父親在 20 年前買的，所以把被繼承人持有期間合併計算為 21 年，適用稅率降到 15％。

　　最後綜合上述說明，我們可以整理出 6 種免徵房地合一所得稅的情況：

　　1. 實施日期前買賣、實施日期前買進並超過 2 年後出售。

　　2. 出售房地虧損。

3. 出售房地獲利小於土地漲價總數額。

4. 出售自用住宅獲利減掉土地漲價總數額後，金額小於 400 萬元。

5. 符合《農業發展條例》不課徵土地增值稅作農業使用之農地及其農舍。

6. 被徵收或被徵收前協議價購之土地及公共設施保留地。

回到臺北市大安區不動產買賣案件（見第 191 頁圖表 3-7），我們來看房地合一稅實施後，稅負到底增加多少？

這個案件的財產交易所得金額為 1.175 億元（房屋加土地的價差 1.72 億元—仲介費等費用 1,000 萬元—土地漲價總數額 4,450 萬元），得出財產交易所得金額 1.175 億元。如果是居住者，持有房屋超過 10 年，房地合一稅 1,763 萬元（1.175 億元 ×15%）；持有超過 5 年但未滿 10 年，稅金為 2,350 萬元（1.175 億元 ×20%）；持有超過 2 年但在 5 年之內，稅金 4,113 萬元（1.175 億元 ×35%）；若 2 年以內就賣掉，房地合一稅將高達 5,288 萬元（1.175 億元 ×45%）。

與之前用財政部頒布的所得額標準相較，依持有期間長短分別多繳了 1,455 萬元、2,043 萬元、3,805 萬元、4,980 萬元的稅金，相當於多送國稅局一棟房子。

若是非居住者，就只有 2 種稅率，持有期間 2 年以內要乘以稅率 45%，得繳房地合一稅 5,288 萬元；另一種則是持有期

間超過 2 年，乘以稅率 35％，稅金約 4,113 萬元。

房地合一稅以及不動產實價登錄，影響有多大？

最後總結房地合一稅以及不動產實價登錄，到底對我們的影響有多大？比以往的舊制多繳多少稅金？

我整理了下頁圖表 3-12，在 2012 年 8 月前，大部分出售房屋的人，都會用部頒標準的繳交財產交易所得稅 307 萬元當作基礎；到了 2012 年 8 月以後至 2015 年期間，國稅局以實價登錄為本，若僅查到賣出房屋的實價登錄價格，約要繳稅金 449 萬元，與部頒標準的 307 萬元相比，稅金增加了 46％。

若國稅局以實價登錄為本，不僅查到賣出房屋的實價登錄價格，也查到了當初的買價，就約要繳到 1,208 萬元的稅金，比部頒標準 307 萬元增加了 3 倍之多的稅金，光這樣就恐怖了吧！

後來到了 2016 年開始實施房地合一稅，連同土地及房屋，皆以實際成交價的買賣獲利金額來計算，若持有房屋超過 10 年才賣掉，稅金約要繳到 1,763 萬元，與部頒標準 307 萬元相比增加了 5 倍；持有超過 5 年但未滿 10 年，得繳 2,350 萬元，與部頒標準 307 萬元相比，稅金增加 7 倍；持有超過 2 年但未滿 5 年，繳稅 4,113 萬，與部頒標準 307 萬元相比，稅金增加 12 倍；持有 2 年以內就賣掉，繳稅 5,288 萬元，與部頒標準 307 萬元相比，

稅金增加 16 倍！

　　從房地合一稅制的稅負增加倍數看來，似乎很恐怖，另外，各地方政府透過快速調高土地公告現值，逐漸趨近市價，以達到實價課稅之目標，未來不動產持有稅（房屋稅及地價稅）勢必節節升高。建議各位應回歸本質，做好專業之全方位理財試算、節稅的布局及資產配置，才不致顧此失彼、掛一漏萬。

圖表 3-12　房地合一稅以及不動產實價登錄之稅負增加倍數

依循稅法		所得稅	增加倍數	適用年度
部頒標準（舊制）		307 萬元		2012 年 8 月之前
實價登錄	僅查得賣價	449 萬元	46%	2012 年 8 月至 2015 年
	查得買價及賣價	1,208 萬元	3 倍	
房地合一	持有超過 10 年	1,763 萬元	5 倍	2016 年之後
	持有超過 5 年，未滿 10 年	2,350 萬元	7 倍	
	持有超過 2 年，未滿 5 年	4,113 萬元	12 倍	
	持有 2 年以內	5,288 萬元	16 倍	

節稅小百科

特定股權交易視為不動產交易

由於大多數企業主及高資產人士，或多或少都持有許多公司的股票或股份，由於房地合一稅 2.0 的新規定，會讓個人出售公司股權時（該被投資公司有高價值的不動產時），很可能一不小心就落入應課徵房地合一稅而不自知的窘境，以下說明特定股權交易與不動產的相關規範。

「符合一定條件之股權交易」係指：個人或營利事業出售其投資國內外營利事業的股份或出資額，並同時符合下列 2 項條件，不論出售部分或全部持股，均應依房地合一稅 2.0 課稅。

1. 交易日起算前 1 年內之任一日（2021 年 7 月 1 日以後），直接或間接持有股份或出資額，占其已發行股份總數或資本總額 50%。

● 以其交易日起算前 1 年內任一日，直接或間接持有該國內外營利事業之股份或資本額，占其已發行股份總數或資本總額比率認定。

● 持有期間計算，自股份或出資額取得之日起算至交易之日止，採先進先出法認定。

2. 於股份或出資額交易時，該國內外被投資營利事業

（續下頁）

215

股權或出資額價值，50％以上係由我國境內之房地所構成。

　　若是上述類型的股權交易，則視為出售新制不動產，依持有期間的稅率課徵不動產交易所得稅。但會排除上市、上櫃及興櫃公司的股票交易；另外，交易未上市櫃股票已課房地合一所得稅者，免列入所得基本稅額課稅。（2021 年 1 月 1 日起，未上市櫃證券交易所得已併入所得基本稅額課稅，惟課房地合一所得稅者免再列入最低稅負計算）。

　　所謂的不動產占營利事業股份或出資額價值 50％，計算公式如下：

境內房屋、土地、房屋使用權、預售屋及其坐落基地之價值 ÷ 國內外營利事業全部股份或出資額之價值

　　計算公式中「境內房屋、土地、房屋使用權、預售屋及其坐落基地之價值」的認定，應參酌下列時價資料認定（不動產不區分取得時點，即全部不動產均應計算價值並納入分子計算）：

- 金融機構貸款評定之價格。
- 不動產估價師之估價資料。

（續下頁）

- 大型仲介公司買賣資料扣除佣金加成估算之售價。
- 法院拍賣或財政部國有財產署等出售公有房屋、土地之價格。
- 報章雜誌所載市場價格。
- 其他具參考性之時價資料。
- 時價資料同時有數種者，得以其平均數認定。

公式中的分母「國內外營利事業全部股份或出資額」之價值認定順序為：

- 得以交易日前 1 年內最近一期經會計師查核簽證財務報告之淨值計算。
- 交易日前 1 年內無經會計師查核簽證之財務報告者，以交易日之該事業資產淨值計算。
- 稽徵機關查得股權或出資額價值高於淨值者，按查得資料認定。

　　從以上規定可以發現，公式中分子（所持公司資產中之不動產）之價值大概就是不動產的市價，分母（所持公司股權）之價值大概就是公司的淨值（即是股東權益＝總資產－總負債）。當不動產的市價多年來增值，很容易就會使計算公式超過 50%，落入應課房地合一稅 2.0 新制。

（續下頁）

　　例如：甲公司於 2020 年 1 月 1 日以 1,000 萬元購入國內未上市櫃 A 公司 100％之股權，其公司資產僅有不動產。甲公司於 2021 年 7 月 15 日將 A 公司的股權以 1,500 萬元出售予乙公司，此類股權交易則視為不動產交易。其所得 500 萬元則屬於房地合一稅 2.0，因股權持有期間未滿 2 年，因此按 45％課徵所得稅。

　　另須注意，若是甲公司僅出售 A 公司部分股權（未達 50％），仍應依出售股權比例依房地合一稅 2.0 新制課稅。

第 5 節
離婚夫妻分房產，
怎麼移轉更節稅？

　　藝人王力宏與前妻李靚蕾婚變風波鬧得沸沸揚揚，王力宏為了道歉，承諾會把位在臺北市仁愛路、價值數億的豪宅「吾彊」過戶給女方。不過李靚蕾發聲明不會接受房子的「贈與」，並表示：「我相信司法，所以我和孩子們法律上理應擁有的『合理財產分配』，相信會透過司法有公平的結果。」

　　當王力宏說要將豪宅過戶給女方時，許多媒體打電話給我，想諮詢關於不動產贈與相關的稅務問題，以及夫妻婚前婚後的財產分配，本篇就來詳細分析這個案例，並且分享相關稅務知識。

　　但須提醒的是，由於我們非當事人，並不確切了解雙方的真實情況，例如雙方的國籍、有無臺灣稅務居民身分、在臺灣是否有登記結婚、是否已經離婚登記、女方最後是否接受房子的贈與等，因此本文是以假設王李兩人皆為臺灣稅務居民身分為前提，再假設以下各種情況來說明稅務知識。

夫妻贈與免稅，已離婚則應稅

根據《遺產及贈與稅法》規定，**配偶相互贈與的財產不計入贈與總額，而且還可以申請不課徵土地增值稅，但是要繳契稅及印花稅**。但若夫妻離婚之後再做贈與行為，則贈與人會被課徵贈與稅。

若贈與的標的為不動產，課稅的基礎是以土地公告現值加上房屋評定現值的合計數（時價）再乘上贈與稅率（若為遺產稅也是同樣計算概念）。通常不動產計算課稅用的時價，與市場真實價值有一段落差。

據新聞報導，吾彊的市價約 4.8 億元，而土地公告現值加房屋評定現值的時價，有些媒體說 1.5 億元，有些則說 9,000 萬元（臺北市稅捐處表示，每一處房屋稅捐基準依照每戶狀況皆有不同，實際數字基於個資法保護原則，詳細數字不便透露，實際稅捐須以當年度所收到的稅單為基準）。

依據實價登錄，王力宏持有的「宏聲文化有限公司」，於 2017 年時以總價四億多元購入 12 樓戶，面積為 177.1 坪。再根據臺北市地政局、稅捐處公式粗略推算，王力宏（或所屬公司）所持有的吾彊，房屋評定現值約 297.6 萬元，再乘以路段率 260％，約 773.7 萬元；土地持分為 18.33 坪，約等於 60.6 平方公尺，土地公告現值約 5,676.8 萬元，兩者合計時價約 6,450.5 萬元。

假設以 6,500 萬元的時價（稅基）來計算，若是在雙方已無婚姻關係的情況下贈與，贈與方要被課徵贈與稅約 925 萬元（按累進稅率課 10%～ 20%計算，並忽略贈與免稅額）。

另外，贈與人還應繳納土地增值稅，假設土地移轉時的現值，與前一次移轉現值價差達 3,000 萬元，以自用住宅用地稅率 10%，非自用住宅稅率 20%～ 40%來算，土地增值稅估計約 300 萬元～ 1,200 萬元。另外還要繳交契稅及印花稅，契稅按房屋評定現值的 6%，而印花稅則按土地公告現值及房屋評定現值的 0.1%計算。

還須特別提醒，個人出售受贈取得的房地產，辦理房地合一稅申報時，取得成本應依受贈時的房地現值計算，由於計算所得稅的成本金額（時價）較實際買進成本還低很多，這將面臨高額的所得稅。

法人贈與給個人，法人免繳贈與稅，但受贈人應繳所得稅

據報導指出，吾彊是登記在王力宏公司名下，倘若以法人名義贈與到他人名下時，則不屬於贈與稅的課稅範圍，法人不用課徵贈與稅，而是受贈人要繳納綜合所得稅。依《所得稅法》第 4 條第 1 項第 17 款規定，因繼承、遺贈或贈與而取得之財產免納所得稅，但取自營利事業贈與之財產不在此限。且如果受贈財產

為實物，以取得時政府規定之價格計算，例如：土地以公告土地現值、房屋則以評定標準價格為準。

假設吾彊之土地公告現值及房屋評定現值合計數為 6,500 萬元，若李靚蕾是臺灣稅務居民身分，則可能要繳納最高稅率 40%、約 2,600 萬元的綜合所得稅；若是非臺灣稅務居民，但因為有中華民國來源所得，故應按 20% 稅率申報納稅 1,300 萬元。

除此之外，宏聲公司則應依土地稅法規定繳交土地增值稅，假設土地移轉現值價差同前述為 3,000 萬元，非自用住宅稅率 20%～40% 之間，則至少要繳 600 萬元～1,200 萬元左右的土地增值稅。

假使李靚蕾手邊沒有那麼多錢，但剛好自己也有成立公司，可以選擇將房產從王力宏公司移轉到自己公司名下，這樣稅率就會從綜所稅的 40% 變成營所稅的 20%。

然而，雖然不動產之贈與是以時價而非市價計算稅金，但是法人與法人之間的贈與，是否會被國稅局認為應以市價來計算所得稅，又會是一個風險。

贈與現金給對方購買公司不動產或股份，未來轉售所得較合理

另一種狀況是，王力宏先贈與李靚蕾現金，再由李靚蕾向宏聲公司購買公司股份或不動產（例如吾彊之豪宅），在雙方

仍是夫妻關係時免贈與稅，已離婚則贈與方應繳給予現金總額 10%～ 20%的贈與稅，若現金為四億多元，則贈與稅為近 8,000 萬元。

但是這個做法，王力宏也會有房地合一稅 2.0 及土地增值稅的問題。不過，若出售給李的價格相當於買進成本，就應該不用繳到房地合一稅，只要繳土地增值稅。未來李靚蕾若符合自用住宅要件，出售不動產時將僅課 10%的房地合一稅，但如果非自用住宅，則會依持有期間長短課 15%～ 45%不等。

另外，由於該不動產並非受贈取得，出售時就不會以受贈時的公告現值來認定成本，所得稅計算將會較合理。

贈與公司股份，
公司淨值會依所持不動產而增加

王力宏也可以選擇將持有不動產的宏聲公司股份贈與李靚蕾，若兩人未離婚，則夫妻之間的贈與免稅。但若兩人已經離婚，則贈與人應繳納贈與稅，計算方式為該公司的淨值（總資產－總負債）乘上贈與的股權比例。

這邊要特別注意的是，由於該公司持有大額的不動產，國稅局有權力依照該不動產的時價（土地公告現值及房屋評定現值合計數）調增公司的淨值金額，那麼贈與稅將會提高許多。但由於贈與的標的是公司股份，不是不動產，所以就沒有高額的土地增

值稅及契稅的問題。

不過，股份之移轉，在 2021 年 7 月開始，有房地合一稅 2.0 的問題要特別考量。依照《所得稅法》第 4-4 條第 3 項：「個人及營利事業交易其直接或間接持有股份或出資額過半數之國內外營利事業之股份或出資額，該營利事業股權或出資額之價值百分之五十以上係由中華民國境內之房屋、土地所構成者，該交易視同第一項房屋、土地交易。」

李靚蕾未來不論是出售公司名下的不動產或股份給他人，都將面臨房地合一稅 2.0 的問題。若是直接出售公司所持有的不動產，公司須課房地合一稅，按不動產的賣價減去買進成本、土地漲價總數額及移轉費用來計算，依持有期間長短課 20％～ 45％ 不等，另外也有土地增值稅及契稅須繳納。

依照夫妻剩餘財產分配請求權，財產轉移免稅

李靚蕾在聲明中還提到了「合理財產分配」，一般來說，如果在結婚時沒有特別約定夫妻財產制，會以法定財產制為準，離婚時可由經濟弱勢的一方向另一方主張夫妻剩餘財產分配請求權，也就是夫妻兩人婚後所累積的財產，財產較多的一方要給另一方差額的一半。

但要特別提醒，這個請求權是有時效的，依《民法》第 1030-1 條第 5 項規定，從請求權人知有剩餘財產之差額時起算，

2 年間不行使，或是自法定財產制關係消滅（離婚或他方死亡）時起算，逾 5 年沒有行使，則請求權消滅。

依財政部函釋，夫妻離婚或婚姻關係存續中，將法定財產制變更為其他夫妻財產制，夫或妻一方依《民法》第 1030-1 條規定，行使剩餘財產差額分配請求權，於申報土地移轉現值時，應檢附離婚登記、夫妻財產制變更契約，或法院登記等法定財產制關係消滅之證明文件，及夫妻訂定協議給付文件或法院確定判決書，並准依《土地稅法》第 28-2 條之規定，申請不課徵土地增值稅。另外，也不會有贈與稅及所得稅的問題。

然而提醒一下，土地增值稅的計算方式是採倍數累進稅率，因為《土地稅法》第 28-2 條規定，不課徵土地增值稅並非實質免稅，只是延緩課稅，未來再移轉第三人時，漲價幅度自然較大，稅賦可能會更重。因此，是否申請不課徵土地增值稅，應審慎評估該筆土地的漲價空間，才能選擇對自己有利的時機繳稅。

另外，即使二人已經離婚，但有在離婚協議或法院判決上寫明約定要給對方的財產，依照財政部的函令，**不課徵所得稅與贈與稅**，但收到不動產的一方在未來出售房地產時，仍須課房地合一稅。

夫妻間的理財、資產傳承及稅務規畫非常重要，尤其近年離婚率不低，婚前、婚後及離婚前後相關的財產安排，所產生的稅務金額差異極大，建議在做重大財產移動前，先諮詢專業會計師或財務顧問，以免分手後仍因財產及稅務問題繼續痛苦糾纏。

遺產與贈與的節稅細節

● 夫妻相互贈與的財產不計入贈與總額，若是贈與不動產還可以申請不課徵土地增值稅，但是要繳契稅及印花稅。但若夫妻離婚後再贈與，則贈與人會被課徵贈與稅。

● 結婚時若沒有特別約定夫妻財產制，會以法定財產制為準，離婚時可由經濟弱勢的一方向另一方主張夫妻剩餘財產分配請求權，也就是夫妻兩人婚後所累積的財產，財產較多的一方要給另一方差額的一半。

● 在離婚協議上，或法院判決上寫明約定要給對方的財產，依照財政部的函令，不課徵所得稅與贈與稅。

第 6 節
現代農夫好處多，
農地節稅省很大

　　根據媒體報導，有民眾將宜蘭一處價值八百多萬元的農地贈與給子女，由於農地不計入贈與總額，因此這筆贈與省下了大筆稅金。但國稅局在贈與後未滿 5 年的期間內，查到該農地上竟增建了違建物，並未實際作為農業使用，不符合《遺產及贈與稅法》第 17 條第 1 項第 6 款的規定，應補徵稅負。

　　由於這筆農地的贈與時間是在 2017 年，必須依照當時的贈與稅免稅額 220 萬元扣除後再乘上 10％稅率計算，結果想靠農地贈與節稅不成，仍被追繳超過 60 萬元的稅金。

　　由於農地在許多稅賦上是有機會免稅的，在稅務規畫上，農地一直是不可忽視的一環，**難怪時常聽聞許多人投資買賣農地。**

　　然而，農地交易應符合特定條件才有免課贈與稅、遺產稅、土地增值稅及房地合一稅等資格，因此，須注意相關規定，搞錯一步，即可能被追繳稅款，不得不慎。

免遺贈稅的前提：真的在耕種

在遺產稅及贈與稅方面，農地因繼承或贈與符合以下要件，將可免徵遺產及贈與稅：

1. 贈與或繼承對象必須是《民法》第 1138 條所訂之繼承人或受遺贈人，包括配偶、直系血親卑親屬（子女、孫子女等）、父母、兄弟姊妹及祖父母，即得免課徵遺產贈與稅。

2. 該農地必須取得「農業用地作農業使用證明書」。

3. 該農地自繼承或受贈後的 5 年內，仍須繼續作為農業使用，且不能移轉給他人，才能享受此項免稅優惠。若在 5 年列管期間移轉受贈之農地或轉作非農業使用，國稅局將依規定追繳回原來所免徵的贈與稅或遺產稅。

根據《農業發展條例》第 38 條規定，在繼承人或受贈人承受農地的 5 年內，若是在有關機關所令之期限內未恢復農用，或即使有在期限內恢復農用，但之後未持續下去，就應追繳應納之稅賦。

農地不計算增值，連交易都免所得稅

農業用地在土地增值稅上也有免稅優惠，只要確實作為農業

使用、取得「農業用地作農業使用證明書」、移轉給自然人，符合這 3 項要件，就可申請不課徵土地增值稅。

　　申請不課徵土地增值稅者，應由權利人及義務人於申報土地移轉現值時，於土地現值申報書上註明「農業用地」字樣提出申請。未註明者，得於土地增值稅繳納期間屆滿前補行申請，逾期不得申請不課徵土地增值稅。

　　此外，依《所得稅法》第 4 條第 1 項第 16 款及第 4-5 條第 1 項第 2 款之規定，出售農地時也將免課所得稅，若是出售 2016 年之前取得之農地，即適用於房地合一稅實施前的舊制，其農地交易所得免納所得稅。若是出售 2016 年之後取得的農地，適用於房地合一稅，則須符合《農業發展條例》之規定，得申請經地方稅稽徵機關核發的土地增值稅不課徵證明書，便能免納房地合一稅。若是依《農業發展條例》申請興建之農舍免納所得稅，也免申報房地所得稅。

節稅小百科

農業用地作農業使用證明書申請作業流程

　　持有的農地是否有免稅機會，取得「農業用地作農業使用證明書」至為關鍵，以下簡易說明如何申請該證明書。

　　1. 應檢附以下文件向土地所在地的直轄市、縣（市）

（續下頁）

政府，或其委任之鄉（鎮、市、區）公所辦理：

● 農業用地作農業使用證明申請書。

● 農業用地作農業使用勘查紀錄表。

● 農業用地作農業使用證明書審查表。

● 近1個月內核發之土地登記謄本及地籍圖謄本。（直轄市、縣、市地政主管機關能提供網路查詢者，得免附。）

● 申請人身分證影本或戶口名簿影本；其屬法人者，檢具相關證明文件。

● 目的事業主管機關許可文件及其他相關文件。（例如：申請用地如有興建農舍或農業設施，應檢附相關使用執照或設施容許使用同意文件。）

● 農業用地如屬都市土地者，應另檢附都市計畫土地使用分區證明。

● 農業用地如位於國家公園範圍內，應另檢附國家公園管理機關出具《農業用地作農業使用認定及核發證明辦法》第2條第5款規定之證明文件。

　　2. 備齊文件至各地公所之「農業及建設課」開立繳款書繳款。

　　3. 收件後主管機關將通知會勘日期，並現場勘查拍照存證。

（續下頁）

4. 審核合格後核發證明書，不合格者駁回。

　　實務上，通常從申請到審核完成並核發農用證明書約 1 個月內可完成，申請書樣本如下。

農業用地作農業使用證明申請書									年　　　月　　　日	

受文機關：

本人為辦理　　□不課徵土地增值稅（農業發展條例第 37 條），並得作為免徵贈與稅使用
（請擇一勾選）□免徵遺產稅（農業發展條例第 38 條第 1 項）
　　　　　　　　□免徵贈與稅（農業發展條例第 38 條第 2 項），並得作為不課徵土地增值稅使用

在下列土地上須申請農業用地作農業使用證明書，請惠予核發證明書　　份。

土 地 標 示						土地所有權人		現有設施項目及面積		土地使用現況
鄉鎮市區	地段	小段	地號	面積（平方公尺）	使用分區	編定類別	姓名	權利範圍	現有設施名稱及核准文號	面積（平方公尺）

申請人：　　　　　　　　　（簽章）　　代理人：　　　　　　　　　（簽章）
國民身分證統一編號：　　　　　　　　住址：
住址：　　　　　　　　　　　　　　　電話：
電話：

附註：
一、本申請書應填寫一份，並檢附下列文件，向土地所在地直轄市、縣（市）政府或其委任
　　（辦）之鄉（鎮市區）公所申請：
　（一）最近一個月內核發之土地登記謄本及地籍圖謄本。
　（二）申請人身分證影本或戶口名簿影本。
　（三）目的事業主管機關許可文件及其他相關文件。
　（四）申請土地屬都市計畫農業區、保護區者，請填寫於「使用分區」欄，並應檢附都市計
　　　畫土地使用分區證明。
　（五）申請土地位於國家公園範圍內者，應另檢附國家公園管理機關出具之符合農業發展條
　　　例施行細則第二條第五款之證明文件。
二、依農業用地作農業使用認定及核發證明辦法第三條規定，農業用地作農業使用證明書僅
　　為不課徵土地增值稅或免徵遺產稅、贈與稅之法定用途，申請人應確認申請目的並於本
　　申請書之辦理選項，擇一勾選。如同時有二種以上申請目的，應分別填寫申請書。

第 4 章

信託不是有錢人專利，
每月一千就能啟動

第 **1** 節
資產傳承前，最安全的所在 ──信託

　　根據媒體報導，藝人賈永婕與弟弟兩人，在父親過世後拋棄繼承，把父親的遺產全數留給媽媽，讓媽媽有安全感。某天賈永婕的阿姨通知她，舅舅與舅媽兩人意圖趁媽媽失智的機會，挪用媽媽的錢，移民至美國置產。賈永婕得知消息後立即聯絡美國房地產第三方信託公司，凍結資金流向，即時阻止了舅舅的不動產交易，之後部分取回的財產也交由信託保管。

　　越是擁有龐大財產者，更應該重視對自己財產的保護、傳承及風險管理。而個人財產信託是實務上常見的兩代資產移轉方法之一，並且可與保險、投資公司、贈與、遺產及繼承等稅務優惠規定相互結合運用。

信託不是有錢人專利，身障者更需要

　　信託並非僅為企業家傳承百代而設計，也在身障遺族照顧、

單身終老自我照顧及投資風險防火牆等，皆有極大的功用。

依據衛生福利部統計的 2022 年第 3 季資料顯示，國內身心障礙者接近 120 萬人，但多數父母為這些身障子女安排好信託的比率卻遠低於 1％，甚至認為信託是有錢人才能享有的規畫，其實身心障礙者更需要信託。

舉例來說，汪先生有一位兒子小吉是重度智能障礙者，長期在機構接受照顧。汪老先生年歲已高，擔心自己及妻子過世後，小吉無法妥善管理繼承的財產，也沒辦法自己領錢來支付機構養護費用；並且也擔心留給小吉的財產是否容易遭人侵占或挪用。因此，汪先生決定利用信託協助小吉管理財產。

汪先生及汪太太（委託人）將名下的 3,000 萬元交給某銀行信託部（受託人），並簽訂信託契約，約定每月撥付養護費用給照顧身心障礙者小吉（受益人）的機構，確保未來父母離開後，有人可以協助小吉穩定的繳交機構養護費用。

由於受益人小吉為心智障礙者，額外建議於信託契約中設立信託監察人，協助受益人監督受託人並保障受益人權益；並在信託契約中賦予信託監察人更積極的角色，例如調整受益人定期給付費用額度、同意支付因受益人生活所需的額外費用等。

另外，年近七十的許先生，曾在多家大型科技公司擔任主管，65 歲退休後，還一直替幾家公司擔任顧問，直到 2 年前，他的心血管疾病愈發嚴重，決定真正的退休。

許先生雖是高階主管退休，但因為栽培兒女赴歐洲留學，

開銷龐大，再加上原本他與妻子打算退休後住在養生村，一個月租金最少要三萬多元，計算後發現，想要過上起碼滿意的退休生活，退休金頂多能撐 20 年，所以擔心自己如果活超過 90 歲，將會給孩子們造成負擔。

許先生於是聽了會計師的建議，做了一筆總計 2,000 萬元的自益信託（說明見第 239 頁），每個月從信託裡面支付養生村的費用及部分生活費。由於孩子們都在歐洲，為了預防自己有一天開始無法管理信託，所以委請一家熟識的公益基金會擔任信託監察人，監察人無法接觸信託裡面的錢，但可以審核照護中心帳單及費用支付情形有沒有浮報或虛報，加強守護信託裡的錢。

與信託有關的 4 種身分

什麼是信託？首先，根據《信託法》第 1 條規定，信託之間有 4 位關係人：

1. 委託人
即信託財產的原所有權人，將財產委由受託人為其管理或處分。委託人可以是自然人或法人，也可以變更受益人、選任信託監察人、變更信託財產管理方法、終止信託、監督受託人、擁有受託人報酬增減之請求權、新受託人之指定權、信託財產之取回權、信託財產強制執行之異議權、損害填補或回復原狀之請求

權等。

2. 受託人

指信託財產法律上的名義所有人，並依照信託本旨管理或處分信託財產，當信託目的達成時，移交信託財產給予受益人。受託人應盡善良管理人注意義務，以及避免利益衝突、不得圖謀自身或第三人之利益。

由於信託財產具有獨立性，實際上**信託利益是歸屬於受益人**，而且受託人應將信託財產與自有財產及其他信託財產分別管理。而**受託人死亡時，不能將信託財產列入遺產。若受託人破產，也不能將該信託財產列入其破產財產，用來清償受託人之債務。**

3. 受益人

指依信託成立享受信託利益之人。受益人可以是自然人或法人，或一批人，如委託人的子女們。

4. 監察人

信託監察人是由委託人指定，並依照法律和信託文件的規定，為了保全信託受益權、監督受託人，而管理信託事務的人。一旦監察人發現受託人的行為已違反信託契約本旨、或該行為使受益人受到損害時，監察人有權代受益人提出訴訟行為。

舉例來說，高先生及高太太的兒子因小時候腦炎發高燒造成

腦部受損，無法自行照顧自己。夫婦倆擔心自己往生後沒辦法繼續照顧兒子，便聽從顧問的建議成立了一個信託，受託人是高先生的大哥，請哥哥在自己過世後幫忙照顧小孩，並請顧問當信託監察人。

過了幾年後，高先生過世，但由於高太太還在，一切都還不成問題，可是當高太太也往生後，高先生的兄嫂卻出了壞主意，不但不願意照顧高先生的兒子，還私自挪用信託裡的財產。直到某次信託監察人要求查看信託財產的財務報表，發現了異狀，便一狀告到法院，保護了兒子的信託利益。

由此可見，監察人最主要的工作是監督受託人，保護受益人免於利益損害。因此成立信託時，可以考慮設置「信託監察人」，而選擇信託監察人應該特別注意其人品、專業能力及經驗，唯有人品佳、經驗豐富及專業能力強的信託監察人，才能貫徹委託人的想法及確保受益人的利益。

信託有 3 種

而信託又分成 3 種，自益信託、他益信託及公益信託，分別說明如下：

1. 自益信託

原則上，受益人為委託人自己，當自益信託成立及消滅時，

均無課贈與稅問題。

2. 他益信託

受益人與委託人不同。委託人除了信託行為另有保留之外，在信託成立後，除非經受益人同意，不得變更受益人或終止其信託，也不得處分受益人的權利。他益信託成立時，**會有扣贈與稅或所得稅問題**。（見第 4 章第 2 節）

圖表 4-1　信託架構圖

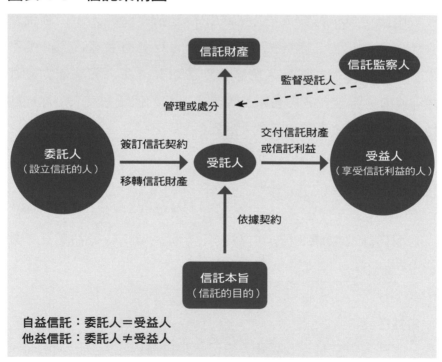

3. 公益信託

　　以慈善、文化、學術、技藝、宗教、祭祀或其他以公共利益為目的之信託。公益信託的委託人可以列報捐贈支出，而且公益信託的免稅標準條件，比財團法人要寬鬆許多。

　　成立信託財產有哪些好處？以下藉由 3 種特性來說明：

1. 信託的財產擁有獨立性

　　林小姐曾以現金 500 萬元辦理信託，並請她的叔叔當受託人，信託成立後，叔叔以受託人的名義將其中的 100 萬元存到銀行裡，也就是存款會移到叔叔的名下。

　　而這位叔叔本身曾向銀行借款 100 萬元，結果無法償還借款。那麼，銀行可以拿叔叔名下受託的 100 萬元來償債嗎？答案是不行。因為進入信託的財產，不屬於委託人或受託人的財產，所以信託財產獨立於受託人的自有財產之外，並不能成為受託人的債權人求償之標的。

　　有鑑於此，銀行最後不能主張以叔叔擔任受託人的 100 萬元信託財產，來抵銷叔叔本身積欠銀行的 100 萬元。這就是信託的財產擁有的獨立性。

　　根據《信託法》規定，只有屬於信託財產的債權與屬於該信託財產的債務可以互相抵銷，以提升信託財產的獨立性。

　　另外，關於遺產這件事，因為受託人只是信託財產的名義

所有權人，所以當受託人死亡時，不能將信託財產列入受託人的遺產，而變成被繼承的標的。而且當受託人因為死亡而任務終了時，由於信託關係並未因此消滅，所以須由委託人指定，或由法院選任的新受託人，來接任處理信託事務。

2. 對信託財產不得強制執行

前幾年曾傳出某一家高科技公司將其大部分財產交付信託，但由於該公司欠多家銀行的高額貸款尚未還清，所以銀行團聽聞後大為緊張，很怕該公司藉此脫產，而造成欠銀行團的貸款將來會還不出來。

為什麼銀行團會如此緊張？是因為**委託人的財產只要進入信託，必須移轉所有權，便不屬於委託人的財產，而是變成受託人名下的財產，銀行當然不能對其強制執行。除非是信託前早就存在的債權債務關係，在該財產交付信託前，債務人（委託人）已經在該財產上設定抵押權等擔保物權，那麼抵押權等擔保物權人仍然能就該信託財產強制執行，拍賣換價滿足債權。**

由此可知，信託財產原則上不會受到債權人強制執行，所以信託財產將受到一定程度的保障。

3. 信託關係的存續性

莊先生感嘆人生在世難免生老病死，若當年事已高、精力不再，或發生意外遭逢巨變，但其他親人或年幼子女還需要照顧

時，那該怎麼辦？

　　莊先生接受專業顧問建議，可以透過信託預作規畫，達到長期照顧的功能，而且信託關係不因委託人或受託人死亡、破產、解散等因素而消滅。透過信託機制，即使委託人不在人世，受託人仍會依照信託契約，為委託人想照顧的對象（受益人）管理或運用信託財產，所以就算莊先生過世後，這張信託合約仍然存續有效。

　　於是，莊先生便以自己為委託人，某家小銀行為受託人，受益人則為他的小孩，並把一間有收租金的不動產移轉到受託人的銀行名下，在信託期間持續把每年的部分租金撥付給小孩。如此一來，莊先生因故去世，他的小孩也不用因此擔心。

　　但過了十年，這家銀行財務狀況不好而被迫破產，那麼這家銀行所受託的不動產該怎麼辦？依照信託相關法令，信託業者如果解散、破產或撤銷登記，仍可以變更受託人，由新任信託業者繼續執行信託財產的管理與處分。因此，後來由另一家銀行幫忙承接受託人的任務，莊先生的小孩仍可藉由房屋租金繼續生活。

　　由此可知，信託可以達到長期照顧的目的直到信託終止。而在實務上，以法人為受託人較不易有受託人更換的問題。

　　然而，仍應注意例外情況。委託人所執行的信託行為，若有害於委託人之債權人的權利，債權人得聲請法院撤銷。即便如此，債權人主張的撤銷，不會影響受益人已取得的信託利益。除非受益人取得利益時，早就知道將對委託人之債權人不利，其信

託才會被撤銷（信託成立後 6 個月內，委託人或其遺產受破產之宣告者，推定其行為有害及債權）。

信託和投資基金一樣，管理費每月 1,000 元

由於交給專業機構作信託，每月要支付幾千至數萬元的信託管理費，讓大多數人以為信託是有錢人才能做的事，但其實不然。我們在投資一般的共同基金也是信託的架構，基金的管理費每年通常在 0.03％～ 2％，而信託的管理費則通常按信託財產淨值的 0.2％～ 2％ 收取，有沒有發現，這不就像是投資基金一樣的管理費嗎？只不過基金主要是用來投資獲利，而信託主要功能在保護資產，及順利依照委託人的意旨來傳承及分配財產。

信託跟基金投資一樣，只有幾千元或幾萬元也是能作信託的，差別只在於若交給專業機構信託，因為要協助處理記帳、申報及管理，有最低的簽約手續費及管理費，以最低的每月信託管理費 1,000 元（1 年 12,000 元）、信託管理費 2％ 來估算，約 60 萬元的信託財產，就能達到最低每月 1,000 元的管理費了（60 萬元 ×2％ ＝ 12,000 元）。所以，你還會認為作信託是有錢人的專利嗎？

另外，若連管理費及簽約手續費也不想額外支付，是否也能成立信託？答案是：可以的！你只要拿一張紙，寫下自己是委託人，受益人是自己或小孩，然後列示清楚要信託的是哪些財產及

　　金額，並找信任的親友當受託人，這樣就是信託了。

　　如果是單純的存款，就匯到受託人的名下，請他替你保管；如果是登記類的財產，例如不動產，就要到地政事務所申辦土地建物信託登記，過戶登記在受託人的名下，然後就自己決定每年要不要包紅包謝謝這些受託人，其實差不多也就是信託管理費的意思。

節稅小百科

信託的基本費用

　　辦理信託通常會有信託規畫顧問費、簽約手續費、信託管理費這 3 項費用，說明如下：

　　規畫顧問費：依照個案洽談，數萬到百萬都有，若是身障公益類的會較低。

　　簽約手續費：通常以信託財產總額 0.1％收取，最低 3,000 元～ 10,000 元。

　　信託管理費：按信託財產淨值的 0.2％～ 2％每年計收，且每月最低 1,000 元～ 5,000 元。

　　各項費用可參考中華民國信託業商業同業公會網站 https://www.trust.org.tw/tw。

遺產與贈與的節稅細節

● 當信託的委託人與受益人為不同人時，形同將資產透過信託贈與他人，便會產生贈與稅或所得稅。

● 資產一旦進入信託，就不再屬於委託人，而是變成受託人名下的財產。在信託目的達成時，受託人再移交信託財產給受益人。

● 信託跟基金投資一樣，只有幾千元或幾萬元也能作信託。信託管理費通常按信託財產淨值的 0.2%～2% 收取，最低每月 1,000 元。

第 **2** 節

信託也有贈與稅，
節稅關鍵在郵局利率高低

　　林小姐已 70 歲，為了安排財富傳承，她交付 5,000 萬元進行「本金他益（按：受益者為他人）給小孩，孳息自益（按：受益者為自己）給自己生活用」的信託，信託期間 3 年。

　　我們以 2023 年 1 月 1 日時的郵政儲金 1 年期定存固定利率為 1.475% 計算，本金現值為 4,785 萬元（5,000 萬元 × 1 ÷〔1＋1.475%〕³），成立信託 30 天內，林小姐立即向國稅局申報贈與稅 556.15 萬元（〔4,785 萬元—244 萬元〕× 15%—125 萬元）。而孳息自益的部分，則每年依照實際利息收入申報林小姐的綜合所得稅。**即使未來本金實際大幅增值，卻已經把贈與總額及稅金「凍結」在當下，也就是贈與稅不會隨著未來信託的財產增值而跟著漲稅。**

　　信託的課稅概念採行「導管理論」（Conduit theory），將信託視為一根管子，委託人將財產放入管子內，由受託人保管這根管子，最終將信託利益移轉給受益人。

受託人雖然取得財產所有權，但只是名義形式移轉，並不享有運用信託財產實際獲得之經濟上利益，所以不應向受託人課稅，而所有的課稅效果應隨同利益的流向，在利益發生當期直接歸屬到委託人或受益人。

信託財產發生的收入，受託人應於所得發生年度，按所得類別減除成本、必要費用及損耗後，分別按信託約定的比例，計算受益人之各類所得額，填發扣繳（免扣繳）憑單給受益人，再由受益人併入當年度所得額，依《所得稅法》規定課稅。我把信託契約核課原則整理成右頁圖表 4-2。

信託的贈與稅怎麼算？

契約信託依信託利益是否歸屬於委託人本身，可分為自益信託及他益信託，他益信託成立時，會有贈與稅或所得稅的問題。至於應該課徵多少稅金，則依贈與（信託）權利的價值計算，在信託利益為金錢時，以信託金額為準；信託利益為金錢以外的財產時，以贈與時信託財產的時價為準。

若信託受益人未享有信託全部利益者，且未來孳息（配息及股利）有不確定因素，則信託財產贈與價值的認定採折現價值，即以贈與時信託財產的時價，按贈與時起至受益時止的期間，依贈與時郵政儲金 1 年期定存固定利率複利折算現值計算，這將大幅壓縮贈與金額。

圖表 4-2　信託契約核課原則

受益人角色	委託人保留權利範圍	課稅原則			說明
		信託契約成立時	信託期間所得稅之所得人	信託利益實際分配時	
受益人為不特定某人，但明定有受益人的範圍及條件（例如公司員工、尚未出生的孫子、曾孫等）	委託人無保留特定受益人分配他益信託利益之權利，或變更信託財產營運範圍、方法之權利。	核課贈與稅	受託人	無	他益信託
	委託人保留變更受益人或分配、處分信託利益之權利。	不課贈與稅	委託人	核課贈與稅	視為自益信託
受益人特定	委託人無保留變更受益人及分配、處分信託利益之權利。	核課贈與稅	受益人	無	他益信託
	委託人僅保留特定受益人間分配他益信託利益之權利，或變更信託財產營運範圍、方法之權利。	核課贈與稅	受益人	無	他益信託
	委託人保留變更受益人或分配、處分信託利益之權利。	不課贈與稅	委託人	核課贈與稅	視為自益信託

　　他益信託主要對委託人課贈與稅。《遺產及贈與稅法》第 5-1條表示：「信託契約明定，信託利益之全部或一部之受益人為非委託人者（他益信託），視為委託人將享有信託利益之權利贈與

該受益人，依本法規定，課徵贈與稅。」那麼，**課徵贈與稅的時點是什麼時候**？答案是：**信託成立時**。

舉例來說，成立 1 億元的他益信託，1 年後本利和（本金＋利息）約 1.1 億元才移轉給受益人，成立時即視為贈與 1 億元，課徵贈與稅。這又分成以下 2 種情況：

1. 本金他益，孳息自益

以信託金額或財產時價，按贈與時起至受益時止的期間，依贈與時郵政儲金 1 年期定存固定利率複利折算現值計算。

舉例來說，假設郵政儲金 1 年期定存固定利率為 1.2％，以 1 億元成立他益信託，1 年後本金移轉給受益人，孳息仍歸委託人所有，成立時即視為贈與 98,814,229 元（1 億元 ÷〔1 ＋ 1.2％〕），須課徵贈與稅。

假設 20 年後本金移轉給受益人，孳息仍歸委託人所有，成立時即視為贈與 78,775,243 元（1 億元 ÷〔1 ＋ 1.2％〕[20]），須課徵贈與稅。

概念上，贈與金額是把未來贈與給受益人的財產價值，透過稅法指定利率，折現到信託成立時點。

規畫方式：本金他益部分，**當信託期間越長或利率越高時，折現回來的本金越低**，相當於贈與總額越低，即使未來大幅增值，卻已經把贈與總額及稅金「凍結」在當下，**節稅效果越佳**。而孳息自益的部分，可用來規畫成為委託人的退休年金。

2. 本金自益，孳息他益

　　若是 1 年後本金歸委託人所有，孳息移轉給受益人，則委託人的贈與金額為 1,185,771 元（1 億元－ 98,814,229 元）；因贈與金額小於每人每年的贈與免稅額 244 萬元，所以不用課徵贈與稅。

　　20 年後本金歸委託人所有，孳息移轉給受益人，則委託人的贈與金額為 21,224,757 元（1 億元－ 78,775,243 元）。

　　規畫方式：利率越低，折現回來的本金越高，贈與的孳息金額就相對越低，贈與信託節稅規畫效果越佳。

　　信託綜合規畫上，建議思考如何分散所得於每個年度，降低所得稅，像是成立孳息他益信託，成立時繳納相對較低的贈與稅，並把每年產生的信託所得分散至較低稅率的受益人身上，也有助於降低未來的遺產稅。

保險金也可以信託，以免受益人隨意揮霍

　　另外介紹保險金信託（見下頁圖表 4-3）。一般父母如果直接購買保險，受益人是小孩，父母身故後，小孩可能不善理財，以致當初的保險無法發揮父母原本的期待。所以，便有保險金信託的設計產生。

　　保險金信託的架構一般為自益信託，要保人可能為父母，保單的受益人為小孩，即為信託委託人，同時也是信託受益人，受

託人通常為銀行（銀行會視案件複雜度及信託資產規模，收取每年 0.3%～ 2%的信託管理費）。

　　信託財產為委託人（即保單受益人）可得受領，而且交付受託人之保險金（實務上，保險單要批註此信託內容）。保險金給付後的信託存續期間及信託的利益分配，可由委託人自行約定。例如為了照顧受益人，生活費於每月 10 日定期支付，教育與醫療費用則憑單據實支實付，若受益人尚未成年，可約定各階段的教育學費支出撥付。

　　透過受託人專業管理資產，運用穩定收益的理財方式管理保險金，實現保單要保人及信託委託人（即保險受益人）之特定目

圖表 4-3　保險金信託關係圖

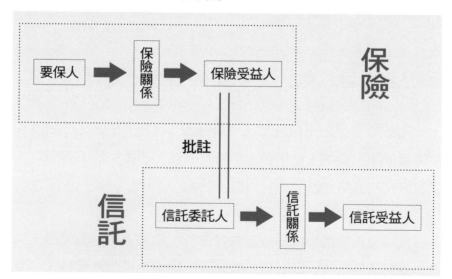

的，以避免保險金受益人理財不當，致財產縮水或隨意揮霍，而未達到保障生活的目的。

　　保險金信託還有節稅好處：保險金指定受益人免課遺產稅，信託契約委託人與受益人為同一人時，也免課徵贈與稅。所以，**信託就像為保險金加上防護罩，保障保險金留給最親愛的家人。**

　　另一種保險金信託做法為他益信託，規畫方式可以是父母為委託人，與受託人（銀行）簽訂完全他益之金錢信託契約，信託財產的受益人為小孩。每年可以在贈與免稅額度內，投入一筆資金到信託內，增加他益信託之金額，並約定用於繳納以父母為要保人及被保險人的保單保費，而且該保單之受益人為信託財產專戶，屆時父母身故後，小孩由信託專戶直接獲得保險給付，並依照信託契約內容，執行給付與照顧等計畫。

遺產與贈與的節稅細節

● 他益信託主要對委託人課徵贈與稅，課徵的時間點是信託成立時。

● 「本金他益，孳息自益」型信託，信託期間越長或利率越高時，折現回來的本金越低，相當於贈與總額越低，節稅效果越佳。「本金自益，孳息他益」型信託，則是利率越低時節稅效果越佳。

節稅小百科

本金自益、孳息他益的信託如何節稅？

　　假設郵政儲金 1 年期定存固定利率為 1%，某甲交付 5,000 萬元進行「本金自益、孳息他益」的信託，信託期間 3 年，則本金現值是 4,853 萬元，再用最初繳的 5,000 萬元扣除，可得到信託利益 147 萬元。因為該筆金額低於贈與稅免稅額 244 萬元，所以不用繳納贈與稅。

圖表 4-4　本金自益、孳息他益的信託要如何節稅？

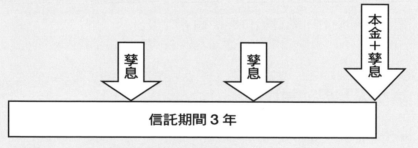

本金現值 ＝ 5,000 萬元 ×0.9706（即 1 ／〔1 ＋ 1%〕³）＝ 4,853 萬元
信託利益 ＝ 5,000 萬元－ 4,853 萬元＝ 147 萬元
→ 低於贈與稅免稅額 244 萬元，故免繳納贈與稅

第 **3** 節

股票信託給子女，
有贈與稅，也會算你的所得稅

　　2022 年初有則新聞，根據證交所公告，航海王之一的長榮大股東張國華與其配偶，於該年年初申報轉讓 20.69 萬張持股，信託給國泰世華商業銀行財產專戶，轉讓市值高達 290.8 億元。

　　市場人士推測，這是否跟節稅規畫、財產保全與傳承有關？由於信託財產具有獨立性，設計得好亦有節稅的效果，於是便有財經媒體來採訪諮詢我，到底為什麼股票信託能節稅，以及大概能節省多少稅金？下面我們就來計算看看。

　　長榮張董信託 20.69 萬張持股，信託本金市值約 290 億元，以目前（2023 年 1 月 1 日）郵政儲金 1 年期定存固定利率為 1.475％計算，分為以下 2 種情況：

1. 本金他益，孳息自益

　　假設信託約定 3 年後本金（股票）移轉給受益人，孳息（股利及股息）仍歸委託人所有的情況下，概念上，贈與金額是把未

來贈與給受益人的財產價值，透過稅法指定利率，折現到信託成立時點。

成立信託時即視為贈與約 277.53 億元（本金 290 億元 ÷〔1 ＋利率 1.475％〕^{3} ＝折現值 277.53 億元），再乘上贈與稅率 20％，約為 55.506 億元。在股價漲到這麼高的情況下，本金他益的信託將繳納如此高額的贈與稅，合理判斷顯然應該不是做這樣的規畫。

2. 本金自益，孳息他益

反之，假設信託約定 3 年後本金（股票）歸委託人所有，孳息（股利及股息）移轉給受益人，則委託人的贈與金額約為 12.47 億元（本金 290 億元—折現值 277.53 億元），在贈與稅率 20％ 的情況下（暫不考慮免稅額），須繳贈與稅 2.494 億元。

假設未來長榮發放每股股利 5 元，信託 20 萬張股票（即是 2 億股）則可獲配股利約為 10 億元為例，在沒有信託規畫的情況下，每年 10 億元的贈與金額乘以贈與稅率 20％，贈與稅高達 2 億元，3 年下來贈與稅 6 億元，與使用本金自益，孳息他益的信託方式相比，節省了約 3.506 億元的稅金（6 億元—2.494 億元），節稅比率高達 58％。

以目前郵政儲金 1 年期定存固定利率 1.475％（2023 年公布之數據）來看，折現估算的贈與價額甚低，大約成立 5,000 萬元

財產的本金自益，孳息他益的 3 年期信託，折現後的價值原則上可在 244 萬元的贈與免稅額度之內。計算如下：

本金 5,000 萬元 ÷（1+ 利率 1.475％）^3 年＝折現值約 4,785 萬元（本金折現值）

本金 5,000 萬元—折現值 4,785 萬元＝孳息約 215 萬元（贈與價值）

孳息金額 215 萬元＜贈與每年免稅額 244 萬元

另外，由於股票孳息他益信託，原本龐大的股利應該由原持有人繳納高額的綜合所得稅，若是信託受益人有很多位，將有機會分散原本集中一人應課的股利所得稅，改課多位受益人所適用的較低所得稅率。

股票信託的風險：避稅不成反而雙稅上身

股票投資等孳息他益的信託契約，如果委託人在簽訂信託契約時，已經知道所投資的公司今年獲利會分配股利；或委託人對投資公司盈餘分配有控制權，藉由訂定信託契約，將「原本委託人應獲得的股利所得，改為受益人取得」，就國稅局的「實質認

定原則」來看，等同於贈與給受益人。

　　舉例，甲君為 A 公司的大股東及董事，A 公司於 2 月董事會決議將分配去年度盈餘，並在同年 4 月中召開股東會通過。甲君隨即在 4 月 30 日，與兒子乙君簽訂信託契約，約定將持有 A 公司的股票信託給乙君，為期 1 年，約定受益人則為乙君等 3 名子女。之後 A 公司配發股票、現金股利，也分別轉匯給乙君等 3 人，金額合計三百多萬元。

　　在甲君「已明知道」A 公司會發放盈餘的情形下，仍簽訂信託合約，等同於甲君贈與子女，按「實質課稅原則」，除了股票孳息贈與給子女的部分，應按時價核課甲君 10％ 的贈與稅外，國稅局也會將股票孳息所得認定為甲君原所有，併入甲君的個人綜合所得中，補徵綜合所得稅，贈與與個人所得雙稅上身。

　　同理來看長榮的情況，由於張國華為長榮的大股東並為董監事，如果他已經知道要發股利及股利金額的話，依照國稅局的觀點來看，他可能會落入實質課稅原則，有可能會恢復他繳納原本股利應計算全額的贈與稅，以及相關的所得稅，會是他這次辦理股票信託的風險。

第5章

用海外資產節稅，
先弄懂世界的遊戲規則

第 **1** 節
「英屬維京群島」能避稅？
2023 年起行不通了！

　　由好萊塢影后梅莉・史翠普（Meryl Streep）主演的電影《洗鈔事務所》（*The Laundromat*），是根據跨國洗錢的真實案件「巴拿馬文件」（Panama Papers）離岸公司洩密風暴而改編的真人真事電影。故事源自美國資深記者傑克・伯恩斯坦（Jake Bernstein）的著作《金錢密界》（*Secrecy World*），描述 2015 年莫薩克・馮賽卡律師事務所（Mossack Fonseca）機密文件被揭露，將某些上流富豪們可疑的境外交易公諸於世的事件。這間律師事務所位於巴拿馬，因此事件被以「巴拿馬文件」作為代稱。

　　《洗鈔事務所》的導演把重點放在境外公司的運作、如何利用空殼公司逃漏稅的原因及相關重要資訊，說明客戶可以如何運用這個制度讓自己保持低調，並在財務運作上保有彈性。

　　別以為這只是一部有趣的電影情節，或只發生在歐美地區，其實在臺灣也一直在發生。

臺北101股權轉讓的祕密

當有外國朋友來臺北旅遊，我們通常都會帶他們去看一下臺灣的地標臺北 101。但是你知道嗎？其實臺北 101 是一家公司，公司名稱為：臺北金融大樓股份有限公司。這間公司在 2018 年 8 月以前的主要大股東，曾經是頂固開發股份有限公司，並握有好幾席董事。

頂新家族的**魏應州、魏應交、魏應充、魏應行**，在劣質油品事件發生之前，曾以英屬維京群島商 Golden Shine International Holding Ltd. 作為頂固開發股份有限公司的股東，後來退出臺北 101 股權，頂固開發的董監事也已變成其他人了。

圖表 5-1　臺北 101 部分股權關係圖

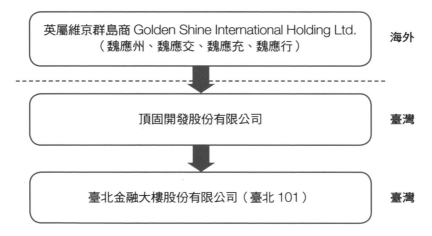

　　從這過程中我們可以猜想，魏家在轉讓臺北 101 股權時，並非直接賣掉臺北 101（臺北金融大樓股份有限公司）的股份，而是賣掉臺北 101 上一層的投資公司（頂固開發）的再上一層境外投資公司（Golden Shine International Holding Ltd.）的股權，讓接手的投資人間接取得股權。所以，外界傳聞，魏家轉讓臺北 101 股權，並無繳納龐大的稅賦（因為境外公司稅率較低），可謂高招！

　　然而，因為這是社會關注事件，經濟部投資審議委員會及國稅局指出，這部分的交易買賣雙方雖然是外國公司，但因交易標的是依據我國《公司法》成立的國內法人頂固開發公司，因此，仍須遵循《公司法》及國內相關稅法規定，依法辦理公司變更登記，以及依據實質課稅原則執行繳納證券交易稅及所得稅。

　　其實類似這樣的境外公司，也就是坊間俗稱的「OBU（Offshore Banking Unit，境外金融中心的銀行帳戶）公司」，一直在我們的生活週遭，只是我們沒有發現而已。境外公司大多開設在開曼群島（Cayman Islands）、英屬維京群島（British Virgin Islands，BVI）、薩摩亞（Samoa）等地，多是一些海外小島。這些小島無法依靠當地的製造業、服務業賺錢，主要的財政收入，即是企業在當地設立境外公司每年所需繳納的年費。

　　以英屬維京群島在臺灣投資及營運的公司，較知名的還有英屬維京群島商太古可口可樂股份有限公司、英屬維京群島商壹傳媒互動有限公司等。若是在經濟部商業司查詢名稱中有「英屬維

京群島商」的公司，就有超過 2,000 筆，搜尋「薩摩亞」也有近千筆資料。

為什麼大家會想要成立境外公司，或是將資產移到海外？試想一下，假設你有 1 億元的境內資產，如果哪天逝世了，就要被課 20％、高達數千萬元的遺產稅。所以，有些人就把資產移到海外去，或是透過境外公司回頭來持有原本的資產。

這樣就可以不用繳納遺產稅嗎？答案是：依法仍然應該要課稅。因為遺產稅的規定為只要是境內稅務居民，就應針對全球的遺產課稅。而且生前贈與境外資產也應課贈與稅。

既然境內或境外都要課稅，為什麼還有這麼多人想將資產外移，或成立境外公司？這是因為大家都在賭國稅局查不到，或者應該說，很難查到海外的資產或所得。這樣的想法在過往或許是真實的，但**自從臺灣跟隨國際反避稅趨勢的政策施行後，國稅局對於海外資產將會越來越容易查核了。**

全世界正在流行「反避稅」

臺灣居民、企業或透過境外公司持有中國大陸、香港、新加坡、加拿大等國家的存款、基金、保險或其他金融投資，這些金融帳戶資訊，在過往國稅局都是難以掌握。臺灣企業不論是為了國外投資控股或節稅，許多皆會設立境外公司或將資產外移。

然而，各國為了遏止跨國逃漏稅，紛紛訂定反避稅法案，

反對國際稅基侵蝕與租稅規避，以保障稅收，例如：《美國外國帳戶稅收遵從法》（*Foreign Account Tax Compliance Act*，FATCA，俗稱美國肥咖條款），以及經濟合作暨發展組織（Organisation for Economic Cooperation and Development，以下簡稱OECD，全球 38 個市場經濟國家組成的政府間國際組織）力推的共同申報及盡職審查準則（又稱共同申報準則，Common Reporting Standard，以下簡稱 CRS，俗稱全球版肥咖）。因此，在面對全球反避稅趨勢確立，臺灣國際商業交易興盛，也難以置身事外。

　　從 2016 年開始，政府逐步建立增修相關「反避稅制度」，包括《所得稅法》第 43-3 條及第 43-4 條有關受控外國企業（Controlled Foreign Company，以下簡稱 CFC）及實際管理處所（Place of Effective Management，以下簡稱 PEM）制度、《所得基本稅額條例》第 12-1 條個人 CFC 制度、《稅捐稽徵法》第 5-1 條與第 46-1 條關於稅務用途資訊交換 CRS、金融機構執行共同申報及盡職審查作業辦法、租稅協定稅務用途資訊交換作業辦法、營利事業所得稅不合常規移轉訂價查核準則等。

　　個人或企業在海外的受控外國公司，過去只要有獲利不分配盈餘回到臺灣的話，是不用課稅的。從 2023 年開始，受控外國企業即使盈餘不分配，也將擬制盈餘分配而課稅。另外，**境外公司的實質管理處所若在臺灣，未來也將會視為境內公司來課稅（目前尚未實施 PEM）**。

第 **2** 節

沒收到盈餘，還是要繳稅──
受控外國企業制度 CFC

　　過去，臺灣企業或個人會在低稅負國家或地區，成立未有實質營運活動之受控外國企業（CFC），轉投資大陸或其他實質營運地區，透過股權控制或實質控制影響 CFC 的盈餘分配政策，藉以規避公司營利事業所得稅及個人基本稅額的海外所得。

　　因此，為配合國際反避稅趨勢，行政院已於 2022 年 1 月 14 日核定營利事業 CFC 制度及個人 CFC 制度，分別自 2023 年度及 2023 年 1 月 1 日施行。CFC 制度上路後，境外公司當年度產生之盈餘將視同分配，無法再有遞延稅負的效果。

　　反避稅已成為國際趨勢，租稅環境已今非昔比，不應再用以往的思考模式，輕忽 CFC 制度上路後的衝擊影響。本文僅先以個人 CFC 制度討論說明。

　　所謂「受控外國企業 CFC」，即同時符合下列 2 個要件：

1. 低稅負國家或地區

該國或該地之法定所得稅率未超過 14%（即是以我國營利事業所得稅率 20% 之 70% 計算，20%×70%＝14%），例如英屬維京群島、開曼群島、薩摩亞、百慕達、澳門、巴哈馬、帛琉等。

該國或地區僅就境內來源所得課稅，也就是境外所得免稅，或於實際匯回才計入課稅。例如香港、巴拿馬、新加坡、塞席爾、貝里斯、馬來西亞、汶萊、瓜地馬拉等。

對特定地區或特定類型企業適用特定稅率或稅制者，依上開判斷。例如薩摩亞、愛爾蘭、模里西斯等。

（以上各項財政部每年年底將重新檢視並更新名單。）

2. 控制要件

個人：個人及關係人直接或間接持有股份或資本額（股權控制）合計達 50% 以上，或對人事、財務及營運政策具有重大影響力（實質控制）。

企業或公司：直接或間接持有股份或資本額（股權控制）合計 50% 以上，或具有重大影響力（實質控制）。

個人 CFC 制度實施前，保留在 CFC 之盈餘，須待實際分配時才計入基本所得稅額（最低稅負制之海外所得）課稅，有遞延稅負效果。在 2023 年實施之後，即便 CFC 盈餘尚未分配，仍將視同已分配（擬制分配概念），並按個人持股比率計算 CFC

營利所得。（第 271 頁圖表 5-2）

　　適用 CFC 稅務申報的人有 2 種，包括：持有 CFC 股權 10％以上的居住者個人、本人與配偶及二親等以內親屬持股合計達 10％以上的居住者個人。而只要符合下列其中 1 種情況，即符合豁免門檻，不用申報 CFC：

1. CFC 於所在國家或地區「有實質營運活動」。

　　在設立登記地有固定營業場所，並僱用員工於當地實際經營業務。

　　當年度投資收益、股利、利息、權利金、租賃收入及出售資產增益之合計數，占營業收入淨額及非營業收入總額合計數低於 10％。

2. CFC 當年度盈餘在新臺幣 700 萬元以下。

如何計算課稅方式

　　個人或其與配偶及二親等以內親屬，當年度 12 月 31 日合計直接持有 CFC 股份或資本額達 10％以上者，該個人應將該 CFC 當年度之盈餘，按其持有 CFC 股份或資本額之比率計算營利所得，與《所得基本稅額條例》規定之海外所得合計，計入當年度個人之基本所得額。計算公式如下：

個人計算 CFC 營利所得＝（CFC 當年度盈餘－法定盈餘公積或限制分配項目－以前年度核定各期虧損）× 個人直接持股比率 × 持有期間

此項營利所得應與當年度海外所得（未計入綜合所得總額之非中華民國來源所得、香港澳門來源所得）合計，計入當年度個人之基本所得額。但一申報戶全年合計數未達 100 萬元者，免予計入。

假設 A 公司位於低稅負國家或地區，國內甲君於 2023 年 4 月 1 日取得 A 公司 60％股權，A 公司為甲之 CFC，A 公司當年度盈餘為 3,650 萬元，且 A 公司依所在國家或地區法律規定提列之法定盈餘公積 365 萬元。甲君應計入海外所得為 1,485 萬元，計算如下：

（3,650 萬元－ 365 萬元－ 0）× 持股 60％ ×（275 天 ÷365 天）＝ 1,485 萬元

也有些人即使擁有 CFC，但未將之作為避稅工具，仍依規定納稅，為避免重複課稅，過去已依 CFC 制度申報並計入海外所得時，當未來實際獲配 CFC 股利或盈餘時，當年將不再計入

圖表 5-2 CFC 實施前後之差異

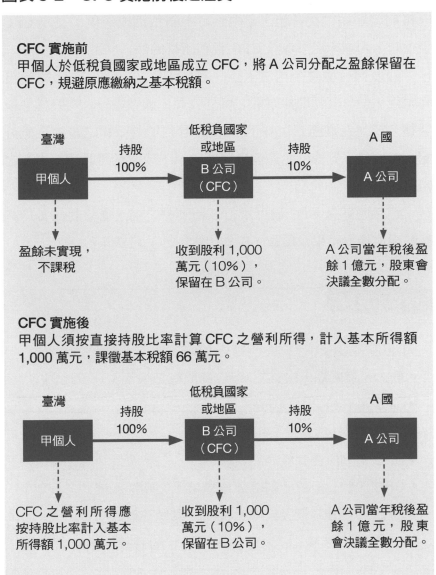

CFC 實施前
甲個人於低稅負國家或地區成立 CFC，將 A 公司分配之盈餘保留在 CFC，規避原應繳納之基本稅額。

臺灣　　　　持股　　　低稅負國家或地區　　持股　　　A 國
　　　　　　100%　　　　　　　　　　　10%

甲個人　────────▶　B 公司（CFC）　────────▶　A 公司

盈餘未實現，不課稅。

收到股利 1,000 萬元（10%），保留在 B 公司。

A 公司當年稅後盈餘 1 億元，股東會決議全數分配。

CFC 實施後
甲個人須按直接持股比率計算 CFC 之營利所得，計入基本所得額 1,000 萬元，課徵基本稅額 66 萬元。

臺灣　　　　持股　　　低稅負國家或地區　　持股　　　A 國
　　　　　　100%　　　　　　　　　　　10%

甲個人　────────▶　B 公司（CFC）　────────▶　A 公司

CFC 之營利所得應按持股比率計入基本所得額 1,000 萬元。

收到股利 1,000 萬元（10%），保留在 B 公司。

A 公司當年稅後盈餘 1 億元，股東會決議全數分配。

課稅；已依所得來源地稅法納稅，於計入 CFC 海外所得的年度申報期間屆滿之次日起 5 年內，可申請扣抵或退稅；交易 CFC 股權時，可減除已計算該 CFC 營利所得餘額。

　　許多擁有境外公司之人士，聽聞 CFC 制度 2023 年開始實施課稅，便急著處理掉原本之境外公司，或做境外公司股權架構調整，或想在實施 CFC 制度前就將過往境外公司之盈餘全數分配，但往往不見得就能夠達到預期效果，或避免掉財政部規範之 CFC 制度。

　　建議應針對 CFC 制度進行任何調整之前，通盤評估各種調整前後之模擬結果及風險，以做出相對有利之決策。

節稅小百科

適用個人 CFC 者，於所得申報時，應檢附哪些文件？
- 個人及其關係人投資於 CFC 的股權結構圖及持股比例
- CFC 經查核之財務報表
- CFC 前 10 年虧損扣除表
- CFC 營利所得計算表
- CFC 股利分配經我國駐外機構驗證之納稅憑證
- CFC 轉投資事業股東同意書或股東會議事錄
- CFC 轉投資事業實際發生損失經我國駐外機構驗證之證明文件

節稅小百科

坐在臺灣遠端遙控的「PEM 實際管理處所」

當境外公司依外國法律設立，但其經營、財務、人事管理者是臺灣個人或法人，業務行為在臺灣發生，報表帳簿、議事錄都在臺灣，即是實際管理處所（PEM）在我國境內之營利事業。其認定要件如下：

1. 作成重大經營管理、財務管理及人事管理決策者為我國境內居住之個人或總機構在我國境內之營利事業，或作成該等決策之處所在我國境內。

2. 財務報表、會計帳簿紀錄、董事會議事錄或股東會議事錄之製作或儲存處所在我國境內。

3. 在我國境內有實際執行主要經營活動。

過去，境外公司所得不課徵臺灣營利所得稅，也就是在我國境內的營利事業，藉於租稅天堂登記設立境外公司，轉換居住者身分，可規避應申報繳納之我國營利事業所得稅。

依外國法律設立之境外公司，其 PEM 在我國境內者，應視為總機構在我國境內之營利事業，依所得稅法及其他相關法律規定課徵營利事業所得稅及辦理扣繳與填發憑單相關作業。也就是視為總機構在中華民國境內之營利事業，全球所得課稅 20%。

（續下頁）

未來可能的影響性及預期效應

往好的一面來看，臺商過去經常被「一頭牛扒兩層皮」，未來 PEM 制度實施後，有助於在我國境內的企業認定為臺灣居住者，適用兩岸租稅協議減免稅優惠的權利，保障臺商的權益。

從不好的一面來看，將有以下 3 點風險：

1. 增加企業稅負成本。受控境外公司的獲利，未來不論有無分配，都要併入臺灣母公司課稅。PEM 也會讓企業變成在臺機構，而應納營利事業所得稅。

2. 增加個人海外所得稅負成本。過去個人股東常利用境外公司及 OBU 帳戶，執行海外投資及理財，原本可依最低稅負制享有海外所得 1 年 1 戶 100 萬元以下、基本稅免稅額 670 萬元、稅率 20% 的較低稅負優惠。在反避稅條款上路後，原本在租稅天堂設立的海外公司，多數應該是 PEM，將改成依國內所得課稅，以往該繳的海外所得稅照樣應繳，未來還須多繳營利所得稅，稅率 20%。

3. 資金外流愈加嚴重。在海外設立公司，實際卻在臺灣者，為了避免被追查並課稅，勢必將資金從臺灣銀行業的境外分行 OBU 轉到國外，如香港、新加坡等。

第 **3** 節

CRS 共同申報準則，
讓各國都知道你在搬錢

前面所說的 CFC、PEM 等反避稅制度，由於臺灣歷年來存在的外交及政治問題，有人會質疑國稅局仍然不容易查到海外的資產與所得。

過往沒有 CRS 金融資訊交換，情況的確如此，然而，雖然臺灣目前仍未加入 OECD 的 CRS，但是國內自行訂定「金融機構執行共同申報及盡職審查作業辦法」（簡稱臺灣 CRS 作業辦法），先與有租稅協定的國家或地區說好，未來要依照國際版的 CRS 規格來互相交換金融帳戶資訊，所以國稅局將越來越能掌握境外的資產與所得資訊了。

什麼是 CRS？臺灣加入了嗎？

CRS 由 OECD 於 2014 年 7 月發布，目標係建立國際間稅務資訊互換的機制，讓各國可以藉由金融資訊的掌握度，協助進

行稅務的稽查。CRS 是為協助打擊逃稅和維護稅制完整，而制定的資料蒐集及申報新規例，參與稅務管轄區的金融機構都必須遵守。

　　CRS 的交換並非所有參與 CRS 的國家或地區，大家有個共同資料庫，每個國家用帳號密碼登入後，就能查詢國人在各外國的金融帳戶資訊，如果是這樣就太恐怖了。實際的做法是：各銀行先蒐集客戶的金融帳戶資料，並通報給自己國家的稅務單位，然後各國再兩兩自行交換資訊。

圖表 5-3　CRS 匯報架構圖

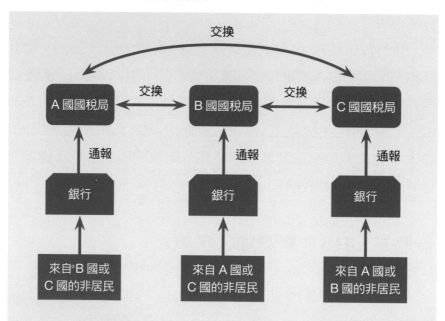

　　截至 2022 年 11 月 22 日，全球目前已經有將近 119 個參加國（或地區），簽訂參與 CRS 全球金融帳戶資訊揭露，參加國涵蓋臺灣居民最多金融帳戶開立的香港、新加坡、瑞士等地。

　　世界前 20 大經濟體中，除了美國有自己的 FATCA 系統外，其餘各國幾乎全都加入了 CRS，包括中華人民共和國、日本、德國、英國、印度、法國、義大利、加拿大、南韓、俄羅斯、巴西、澳大利亞、西班牙、墨西哥、印尼、伊朗、荷蘭、沙烏地阿拉伯；還有知名的租稅天堂也陸續加入 CRS 行列，如：英屬維京群島、開曼群島（Cayman islands）、薩摩亞、塞席爾（Seychelles）、百慕達（Bermuda）。

　　大家一定想問：那麼臺灣到底加入 CRS 了嗎？答案是：臺灣遲遲未加入 OECD 國際版的 CRS，但臺灣政府決定不再等下去，自己也來弄一個類似 CRS 的制度。

　　財政部於 2017 年 11 月 16 日發布「金融機構執行盡職審查及申報作業辦法」，簡稱 CRS 作業辦法，目的在於使臺灣接軌國際 CRS 的規定，與其他國或地區進行金融帳戶資訊交換。從 2020 年起，**臺灣境內金融機構應在每年的 6 月，向國稅局申報前一度所辨識的應申報帳戶相關資訊，並與 34 個租稅協定國進行資訊交換。**（下頁圖表 5-4）

　　不交換的重大對象，除了非屬我國有租稅協定的國家之外，還有美國，因為美國已有海外帳戶稅收遵循法（FATCA），另外由於中國大陸、香港及澳門非屬臺灣的稅捐稽徵法授權範圍

圖表 5-4　與臺灣資訊交換的 34 個租稅協定國

地區	國家
亞洲 9 國	印尼、印度、以色列、日本、馬來西亞、新加坡、泰國、越南、沙烏地阿拉伯
大洋洲 3 國	澳大利亞、吉里巴斯、紐西蘭
歐洲 16 國	奧地利、比利時、丹麥、德國、法國、匈牙利、義大利、捷克、盧森堡、馬其頓、荷蘭、波蘭、斯洛伐克、瑞典、瑞士、英國
非洲 4 國	甘比亞、塞內加爾、南非、史瓦帝尼（原史瓦濟蘭）
美洲 2 國	加拿大、巴拉圭

內，所以這三地也不在交換之列。

　　與 OECD 國際版 CRS 類似，臺灣 CRS 作業辦法中的「金融機構」包括存款機構、保管機構、投資實體及特定保險公司等 4 種類型，要交換的「金融帳戶」包括存款帳戶、保管帳戶、於投資實體之權益或債權、具現金價值保險契約及年金契約等。

　　依據財政部財政資訊中心統計，2021 年度稅務用途 CRS 網路申報已於 2022 年 8 月 1 日完成，申報之金融機構計 1,801 家，申報屬澳洲、日本或英國稅務居住者持有或控制之金融帳戶資料計 145,186 筆，該等帳戶 2021 年 12 月 31 日餘額約為新臺幣 2 兆 963 億元，2021 年度支付或記入之股利、利息、出售或贖回金融資產收入總額或其他收入金額，約為新臺幣 1,182 億元。

凡走過必留下痕跡，因應CRS有策略

　　關於 CRS、CFC、PEM 等全球反避稅制度，我們又該如何因應呢？首先，應先了解所有的相關概念，盤點自己的銀行帳戶資訊。曾有客戶向我諮詢，問到假設自己有中華民國、加拿大及新加坡的國籍，若用各種護照分別在臺灣、加拿大、新加坡及香港有銀行帳戶，針對 CRS 的影響，哪些銀行帳戶需要多加注意？

　　我們可以參考下頁圖表 5-5，其中 CRS 代表 OECD 國際版的 CRS，TW CRS 代表臺灣 CRS 作業辦法。假設用臺灣護照在新加坡開的銀行帳戶，未來有可能會因為臺灣 CRS 作業辦法而被資訊交換；用加拿大的護照在香港銀行開的帳戶，則會因 OECD 國際版的 CRS 作資訊交換；用臺灣身分在香港的銀行開立帳戶，目前似乎看起來比較不易被交換。然而大家也會擔心，自從港版國安法實施後，未來中國大陸有可能把手伸進去，因此還是要多加小心。

　　翁先生是一位業界知名的商業顧問，他的小孩非常優秀，正在新加坡唸大學，並且希望將來在新加坡工作。他評估，反正小孩還會在新加坡待很多年，乾脆幫他在當地買一間房子，於是將累積多年的幾十筆定存解約，一次匯出新臺幣一千五百多萬元，匯款人是他自己，受款人是小孩在新加坡的銀行帳戶。

　　有一天他收到國稅局的公文，公文大意是要他交代資金流向與資金用途，重點是由於受款人不是他本人，所以有贈與的

圖表 5-5　不同國籍及銀行帳戶 CRS 評估示範

銀行帳戶＼國籍	臺灣	加拿大	新加坡
臺灣	─	TW CRS	TW CRS
加拿大	TW CRS	─	CRS
新加坡	TW CRS	CRS	─
香港	✕	CRS	CRS

嫌疑，算一算可能要補稅 128 萬元，並且要加罰 1 倍，再多 128 萬元……他拿著國稅局的公文跑來找我，問道：以前匯款到國外給別人時，從來都沒有被抓到過，怎麼這次這麼倒楣？

新臺幣一千五百多萬元約相當於 50 萬美元，剛好超過中央銀行必須通報財政部的金額。依據《外匯收支或交易申報辦法》，現行中央銀行規定，匯款超過以下數字，必須經過央行核准並通報財政部，因此要特別注意資金流轉匯款的軌跡：

1. 個人每筆結匯金額達 50 萬美元以上之匯款，以及每年累計 500 萬美元之匯款。

2. 公司、行號每筆結匯金額達 100 萬美元以上之匯款，以及企業累計匯款 5,000 萬美元。

曾經匯出國外的款項大部分皆已有紀錄，未來若匯回臺灣的金額，較過去多出的部分被疑似海外所得，就不難理解了。

另外，凡個人匯款新臺幣 50 萬元以上者，各銀行均會要求

匯款者自行填報外匯匯款書，包括匯出金額、地區或國家、外幣幣別、用途、收款人等資料，均有紀錄資料可查。個人填寫外匯匯款書後，翌日各銀行會將此資料全部提報予中央銀行知悉，而央行是以身分證號碼成立「個人總歸戶」，列管統計。正所謂的：「錢有腳印，凡走過必留下痕跡！」

　　所以誠心建議，**務必妥善保存海外資金紀錄及投資各項文件對帳單，才能於報稅時檢附投資損益證據。**海外所得課稅及海外資金回臺投資，在獲取所得或投資前，應進行審慎的判斷與諮詢，以免遭致大額的稅金及罰款的負擔。

　　現在已是全球反避稅趨勢，不要以為把錢都拿去香港、新加坡，就能高枕無憂。臺灣政府派去國外學習的全球查稅技術，已經回臺灣來貢獻了，財政部並已建置高科技查稅系統及稅務雲端 E 化作業。此外，透過 CRS 交換系統，國稅局可以掌握臺灣居民在海外，所有已經加入 CRS 國的臺灣個人或臺灣企業，在境外的帳戶及臺資銀行的 OBU 帳戶，都容易被掌握到，企業運用境外公司的風險也相形大增。

　　過往，高資產客戶的資金大多都往海外跑，未來因為 CRS、「美國肥咖」，抑或是「大陸版肥咖」出現，網網相連，資金動向將更透明、一目瞭然，一旦被追查到將被課徵重稅。

　　因此我建議，未來**資產配置應該落地生根，下一代在哪用錢，錢就應該放在那裡**，回歸到人類原始理財規畫應該要有的配置方式。思考清楚未來在臺灣會運用多少資金，就應該把這部分

資金留在臺灣投資金融商品，如保險、基金、股票等，千萬不要一鼓腦就把資金都匯出海外，反而可能賠了夫人又折兵。

節稅小百科

CRS 交換什麼資訊？

根據現行 CRS 規定，目前交換資訊所涵蓋的資產範圍僅限於金融資產，包括海外帳戶存款、帶現金價值的保單、公司股票、合夥或信託權益、各類債券及投資公司股權等，皆在申報範圍內。但是屬於直接權益及實物商品，則不屬於金融資產的範疇，因此海外房地產、珠寶首飾、古董、藝術品及飛機遊艇等，並不在申報範圍內。而這也就難怪聽說有些資金流向不動產。

金融機構應申報的帳戶資料包括：

● 銀行存款、保管帳戶、股權、債權、理財商品、基金、信託、具現金價值保險合約與年金合約等。

● 個人或法人客戶基本訊息，如姓名、國別、稅務居民身分、稅務編碼與最終受益人等。

● 交換的財務資料包括帳戶號碼、餘額、淨值、利息收入、股息收入等。

第 **4** 節

身在曹營心在漢，稅率可以少一半？有戶籍就很難

　　社群網站臉書（Facebook）共同創辦人之一愛德華多・薩維林（Eduardo Saverin）在 2012 年臉書股票上市前，放棄美國國籍，入籍新加坡。商品大王羅傑斯（Jim Rogers）及藝人趙薇的老公黃有龍，也都傳聞轉籍至新加坡。此外，臺灣富豪包括台塑王永慶之長孫王泉仁、日月光董事長張虔生，也傳出入籍新加坡，不過當時只有聯電榮譽董事長曹興誠大方承認。

　　知名藝人彭于晏、張韶涵及趙又廷皆出生於臺灣，但在小時候即隨家人移民至加拿大，或至加拿大留學，因此幾位皆有加拿大國籍。媒體傳聞如林志穎、林嘉欣、香港藝人鍾嘉欣、大陸藝人黃聖依也都想要去加拿大生小孩。

　　為什麼這些人想要移民？除了這些國家的生活及教育環境優渥、經濟職涯發展前景良好之外，如果也有節稅的效果，那就更好了。

　　如果你是**臺灣的稅務居民，遺產及贈與稅皆是全球課稅**，然而，有些國家或地區目前原則上幾乎不課徵遺產稅，例如：新加坡、澳洲、紐西蘭、加拿大、香港、馬來西亞、瑞典、葡萄牙、印度、開曼群島、巴哈馬、盧森堡等。

　　所得稅的部分，這些有錢人的身價早就到了臺灣最高的綜所稅率40％，但如果把國籍改為新加坡，稅負馬上減少近一半。為什麼？因為新加坡當地所得適用的最高稅率只有22％（未來有可能調高至24％）。

　　即使在臺灣仍然有一些收入，如果已經變成外國人，只要在臺灣未住滿183天，就不算臺灣居住者，依照規定不必辦理申報，而是直接扣繳稅款。臺灣對外國人的所得扣繳稅率通常只有20％，比原來最高的40％省一半。以年收入1億元為例計算，在臺灣所得稅金高達4,000萬元，而變成新加坡人，馬上降為兩千多萬元。另外，臺灣會將海外所得併入最低稅負（《所得基本稅額條例》）課稅20％，而新加坡不對境外所得課稅，難怪這些有錢人都跟著入籍新加坡。

　　資本利得稅（Capital Gains Tax，CGT，對投資者證券買賣所獲取的價差收益徵稅）的部分，臺灣目前停徵個人的證券交易所得，但是未上市櫃的部分要併入最低稅負可能課20％。而新加坡、紐西蘭、馬來西亞、香港、瑞士及開曼群島原則上沒有資本利得稅。

　　以薩維林的案例來看，臉書計畫透過IPO（Initial Public

Offerings，指首次公開發行股票，以期募集用於企業發展資金的過程）籌集高達 118 億美元資金（以 1 美元約新臺幣 30 元計，約新臺幣 3,540 億元），據說薩維林持有臉書約 4% 股份，按臉書發行價區間上限計算，這些股份的價值約為 38.4 億美元（約新臺幣 1,152 億元）。而薩維林放棄美國國籍，成為新加坡居民，除了可以減少臉書上市所須繳納的稅收，還可以幫助他在未來投資時，避免繳納資本利得稅，因為新加坡並沒有課徵資本利得稅。

你是臺灣居住者嗎？住滿 183 天就算

　　《所得稅法》又是如何區分居住者與非居住者呢？首先，居住者及非居住者的分類非常重要，在每一種賦稅，幾乎都會針對不同的納稅身分，給予不同的申報繳稅方式及不同的稅率適用，進一步而言，節稅模式也不相同。（下頁圖表 5-6）

　　舉例來說，韓先生從小住在高雄，幾年前出國念書後，直接待在美國工作，長時間未曾返臺，但他出國前投資的股票仍定期發放股利，名下房屋也以每次預收 1 年租金的方式，出租給某間企業使用，每年所得額加總大約在百萬元上下。

　　韓先生有一次自行利用國稅局的報稅軟體試算，發現他在臺灣的收入居然可以退稅，於是他馬上提出申請。但是，國稅局最後核定韓先生不得退稅。韓先生覺得自己明明就是中華民國的國

圖表 5-6　居住者與非居住者差異

項目	納稅身分	
	居住者	非居住者
條件	• 在臺有住所且經常居住。 • 在臺無住所，但同一課稅年度在臺居留天數超過 183 天。	在臺無住所，且同一課稅年度在臺居留天數不足 183 天。
申報方式	每年 5 月應辦理申報。	無須理結算申報，就源扣繳。
適用稅率	5%～ 40%	6%～ 21%

註：通常有臺灣戶籍即視為在臺有住所。

民，也領有身分證，為什麼還會被國稅局認定不能夠自行結算申報以退稅呢？

　　根據《所得稅法》規定，以下 2 大類屬於居住者：

　　1. 在我國境內有住所，並經常居住我國境內的人，其認定原則是該人於一個課稅年度內，在中華民國境內設有「戶籍」，且有下列情形之一者：

　　● 於一個課稅年度內，在中華民國境內居住合計滿 31 天。

　　● 於一個課稅年度內，在中華民國境內居住合計在 1 天以上、未滿 31 天，其「生活及經濟重心」在中華民國境內。

　　這裡所謂的「生活及經濟重心」在中華民國境內，應衡酌個人之家庭與社會關係、政治文化及其他活動參與情形、職業、營

業所在地、管理財產所在地等因素，參考下列原則綜合認定：

- 享有全民健康保險、勞工保險、國民年金保險或農民健康保險等社會福利。
- 配偶或未成年子女居住在中華民國境內。
- 在中華民國境內經營事業、執行業務、管理財產、受僱提供勞務或擔任董事、監察人或經理人。
- 其他生活情況及經濟利益，足資認定生活及經濟重心在中華民國境內。

2. 在我國境內沒有住所，但是一個課稅年度內在我國境內居留合計滿 183 天以上的人。

不屬於前面 2 項所稱的個人，即為「非居住者」。以韓先生的例子來看，由於他長時間都在國外，從未回臺居住，在中華民國護照上，自然沒有入境超過 31 天的證明，他的生活經濟重心更不可能在臺灣境內，所以國稅局才會核定他屬於非居住者，不能夠用結算申報的方式。

總而言之，財政部針對不同納稅身分，有著不同待遇的繳稅方式以及適用稅率，如果你經常居住在臺灣，且 1 年內居住超過半年，就稱為居住者，自然適用最一般的申報方式，每年 5 月就得乖乖的結算申報，並適用累進稅率 5%～ 40%。

反之，若在 1 年之中於臺灣居留少於半年（183 天），則稱

為非居住者。不管是有意還是無意，政府通常認為這種人可能錢賺飽了就離開臺灣，會對國庫造成很大的傷害，所以最安全的方法是叫付錢給你的人（扣繳義務人），把總金額的一部分扣下來（約 6%～21%），然後轉繳給政府。這樣的制度稱為「就源扣繳」（Withholding），翻成白話是：「就」你的所得來「源」，「扣」一部分的錢下來，「繳」給政府。包括美國、中國、英國、日本等許多國家，都很喜歡用就源扣繳這個方法。

關於非居住者常用的扣繳稅率如下：

1. 外資股東（非中華民國境內居住之個人、總機構在中華民國境外之營利事業）獲配股利或盈餘扣繳率為 21%。

2. 薪資按給付額扣取 18%。全月薪資在行政院核定每月基本工資 1.5 倍以下者，則扣取 6%（按：自 2023 年 1 月 1 日起，每月基本工資為 26,400 元，每小時基本工資為 176 元）。

3. 其他（佣金、利息、租金、權利金、執行業務、財產交易所得、員工認股權所得、信託所得、競技競賽機會中獎獎金等）多數為 20%。

以上為所得稅的居住者定義，而關於遺產贈與稅的居住者身分定義，請見第 2 章第 5 節。

提醒一下，許多人想利用移民的方式來節稅，便將財產移轉至境外，甚或至移民他國，並自願放棄中華民國國籍。然而，應特別注意《遺產及贈與稅法》第 3-1 條規定，死亡事實或贈與行為發生前 2 年內，被繼承人或贈與人自願喪失中華民國國籍者，

仍應依本法關於中華民國國民之規定，課徵遺產稅或贈與稅。還有，若繼承發生時，尚未放棄中華民國國籍，則可能兩國的財產都要各依當地的稅法課遺產稅。

　　最後，移民到國外，也有可能需要課徵更高稅率的遺產稅，例如美國的稅率最高 40％，就比臺灣還高；加拿大及澳洲雖然不課遺產稅，但由於有對資本利得徵稅，加拿大須在死者最終申報時添加資本利得稅 50％（死亡時視作等同出售），澳洲則在繼承人出售資產時需要繳納資本利得稅。所以，應通盤了解當地的法律，比較本國的法律差異後，才考慮是否規畫移民。

第 5 節
小家庭、大家族都適用
——家族辦公室

　　在美國《財星》雜誌（*Fortune*）每年評選出的全美 500 家最大公司中，約有 6 成是家族企業；在臺灣，有一百六十多萬家企業，則約有 7 成為家族企業。然而，根據統計，全球有 8 成的家族企業未能順利傳到第二代，只有一成多能夠傳至第三代。

　　家族企業的傳承之所以複雜，是因為需要兼顧企業利益和家庭和諧。即使並非家族企業，一般家庭的財務管理及資產傳承依然困難，因為缺少像優良公司所具備的完整制度。所以，想要做好家庭財務管理及傳承，我們可以參考企業經營的架構及制度模型，像是一般企業有股東大會、董事會、管理團隊、公司章程及內部制度規章等，對照家族就可以有家族成員會議、家族委員會、家族辦公室、家族憲法等。

　　知名的洛克菲勒家族，自第一代的約翰・戴維森・洛克菲勒（John Davison Rockefeller）於 1870 年創辦標準石油公司（Standard Oil）以來，已經傳承至第七代。第四代成員之一的

小大衛‧洛克菲勒（David Rockefeller Jr.）曾接受美國財經媒體
CNBC 專訪，對於家族經過一百多年仍然團結，提到幾個祕訣，
其中一個在東方社會鮮少看見的做法，就是讓家族成員「沒有任
何家族企業可以搶」。因為幾乎整個洛克菲勒家族企業都集中在
家族信託、基金會裡面，並且由專業人士來為家族管理財富，也
就是所謂的家族辦公室（Family Office）。

洛克菲勒家族傳承百年的祕訣

根據國際家族辦公室協會（International Family Office
Association，IFOA）的定義，家族辦公室是專為高資產人士與
家庭服務的中立機構，主要從家族成員的需求與利益出發，提供
包括資產管理、投資管理、稅務、會計、法律、保險風險管理、
信託、慈善事業基金會管理、家族企業治理，甚至連家族行政管
理、生活目標實踐、家族價值與教育、家庭旅行、稽核督察等服
務，致力於協助家族跨代傳承財富與價值。

早在 6 世紀的歐洲，就已經出現家族辦公室的概念。當時
是由國王的管家來管理皇室財富，後來有貴族要求加入，令管理
財富概念逐漸系統化，演變成現今的家族辦公室。

紐約梅隆銀行（The Bank of New York Mellon）創辦人托
馬斯‧梅隆（Thomas Mellon）於 1868 年創立全球首個家族辦
公室，其目標是聘請一支專業團隊，為複雜的梅隆家族提供全面

的投資、會計、法律、教育和禮賓服務，以保護他們的子孫後代。

洛克菲勒追隨他的腳步，於 19 世紀 80 年代末也成立家族辦公室。洛克菲勒家族隨著巨額財富的累積，意識到要從整體上集中管理家族財富，就需要優化財富管理模式。1882 年，洛克菲勒組織了一些專業人士，來幫他打理家族資產和慈善活動，創建了洛克菲勒家族辦公室，被稱為「5600 房間」，後來被人們視為現代家族辦公室的雛形。

通過家族辦公室這個平臺，洛克菲勒可以將分布於多家資產管理機構的家族資產，匯集到一張「家族財務報表」中，藉由篩選優秀的投資經理，並實施投資績效考核，來實現家族資產的優化配置。到了 1908 年，他組成了一個正式的委員會來管理這些資產。

約翰・洛克菲勒在 1937 年離世後，由小洛克菲勒繼承家族產業，並在紐約成立洛克菲勒中心（Rockefeller Center），為洛克菲勒的商業帝國建立了大本營。在家族傳承方面，小洛克菲勒選擇了「家族信託」來保障財富的傳承。

小洛克菲勒作為信託委託人，委託當時的大通國民銀行（現為大通銀行，JPMorgan Chase Bank, N.A.）作為受託人，設立了家族信託，將他的第一任妻子和 6 個兒女設置為信託受益人。在信託協議中，他設置了特別條款，規定其家族信託的受益人在30 歲之前，只可以獲取投資收益，不可以動用信託本金；30 歲之後，受益人若需要分配信託本金，必須向信託委員會申請，獲

得委員會的准許後才可執行。1952 年時，他又為孫字輩設立了一系列不可撤銷的家族信託基金，為家族的第四代也提供了未來經濟保障。

此後的一百多年，洛克菲勒家族辦公室為世代成員提供了投資、財務、法律、慈善等一系列的家族事務服務，不僅良好的打理著洛克菲勒家族的財富，更成為這個家族的紐帶，將家族成員緊緊聯繫在一起。

後來，越來越成功的洛克菲勒家族辦公室受到了大眾的熟知和認可，到了 1979 年，洛克菲勒家族辦公室開始為其他富豪家族服務，轉變為一家多家族的辦公室（Multi-family office，MFO；相對於單一家族辦公室〔Single family office〕，多家族辦公室不只為一個家族服務）。

經過了洛克菲勒家族第一代與第二代的大力發展，老洛克菲勒和小洛克菲勒成功建立起了一個集家族傳承、家族財富管理及家族慈善等一系列家族事務管理的機制：家族辦公室＋家族信託＋慈善基金會。正由於這個可以保障家族財富穩定傳承的架構，使得洛克菲勒家族的後人可以安心的管理產業、振興家業。

要管理傳承一百多年的家族財富，這些洛克菲勒家族基金會是否都由自家人說了算？其實，洛克菲勒家族很早就體認到，找專業經理人參與決策及管理資產的重要性。以管理資產規模十多億美元的洛克菲勒兄弟基金（Rockefeller Brothers Fund）來說，決策重心在於理事會，十多位理事中，一半是洛克菲勒家族成

圖表 5-7　洛克菲勒家族的家族辦公室發展歷程

由專業人士打理家族資產和慈善活動，創建洛克菲勒家族辦公室，被稱為「5600 房間」，被視為現代家族辦公室的雛形。

篩選優秀的投資經理管理家族資產，並實施投資績效考核，實現家族資產的優化配置。

設立家族信託，規定信託受益人 30 歲之前只能獲取投資收益，不可動用信託本金；30 歲後若需要分配信託本金，必須獲得委員會准許。

為孫字輩設立家族信託基金，為家族第四代提供未來經濟保障。

開始為其他富豪家族服務，轉變為一家多家族的辦公室。

員，另一半則來自金融、法律、藝術、教育、國際關係和社會工作等各類背景的專業人士。

管理家族財富的家族辦公室

　　家族辦公室在歐美已有百年之久了，歐美富豪家族能夠成功傳承財富、永續家業，家族辦公室有可能就是幕後功臣之一，但

在亞洲的發展目前算是較初期。

在亞洲，即使億萬富豪人數年年攀升，但家族辦公室卻是直到近年才逐漸興起。為什麼亞洲的家族辦公室發展會比較落後？原因在於，過去亞洲企業家創造財富主要靠本業，有餘錢只存放在銀行，較少投入資本市場；此外，可能因為民族性使然，關於金錢的事情，亞洲富豪經常只相信自己，即使有些人願意把錢放在私人銀行（Private Banking），但對於投資布局，仍然也常依照自己的盤算。

另外，亞洲大部分財富管理都在各大金融機構，採行收取手續費及佣金的商業模式，這較容易與客戶產生利益衝突的問題。而臺灣的有錢人還有另外一個問題，就是沒有「付錢給專業人士」的習慣，但如果想要一個公正、獨立、客觀的家族辦公室，當然必須使用者付費。

目前亞洲幾個比較知名的企業已經開始學習歐美做法，有了家族辦公室的計畫，如阿里巴巴集團核心創始人馬雲和蔡崇信、海底撈創辦人張勇、香港李錦記家族、新世界集團主席鄭裕彤等；在臺灣則有富邦金控及中租創辦人辜仲立、經營美容事業的克緹國際集團陳武剛等家族。

共同決策兼凝聚情感的家族會議

洛克菲勒家族有個家族論壇（Family forum），家族成員只

要滿 21 歲，就會受邀參加聚會。聚會每年舉辦 2 次，例如在聖誕節當天共進午餐，而且是一百多人齊聚一堂。

在這些聚會中，出席成員會討論家族的方向、計畫，介紹新成員，並分享家族成員的新消息，從工作到重要人生成就都有。家族會議一定要讓大家都感覺自己是家族的一分子，即使是嫁進來的也一樣。長大成人後的成員，可以自己決定要參與哪些基金會的運作，以及想要投入的公益或慈善事業。

因新冠肺炎疫苗廣為人知的默克集團（Merck KGaA），由弗雷德里奇‧雅各‧默克（Friedrich Jacob Merck）於 1668 年成立，其家族傳承至今 13 代，已三百多年。1920 年引進專業經理人，開始採行經營權與所有權分離的模式，嚴格遵守「傳賢不傳子」的規定。1995 年默克集團股票上市後，家族決定將企業交給專業經理人經營。默克家族從一百多名家族成員的合夥人會議上選出 13 名家族董事，再由家族董事選出 5 名合夥人董事，並加上 4 名外部董事，共同召開默克集團合夥人董事會，以對集團的營運作出決策。

跨國醬料品牌李錦記集團，是在 1888 年由李錦裳所創立，至今已有一百三十多年的歷史。集團曾遭遇 2 次家變分崩危機，使家族企業因此陷入財務危機，生產停滯長達半年。從《李文達傳》（按：李文達為李家第三代）中可以得知，李家記取教訓後，深覺家族企業高層除了有利益關係之外，還牽涉親情關係，經常將家庭問題和公司問題混為一談，角色混淆的結果，往往是既影

響家庭成員之間的感情，又影響公司正確決策的制定。

李錦記為了改善問題，在 2003 年前往歐、美、日等地學習研究，嘗試將中國傳統文化和西方法治文化結合，核心理念是希望把家族與企業適當分開，創立了家族學習和發展委員會（簡稱家族委員會），也是家族最高決策機構。

重大的事務由家族委員會集體討論決策，成員則由李文達夫婦和 5 名子女構成，委員會主席一職輪流擔任。家族委員會分成 6 個職能，包括家族議會、學習發展中心、家族投資中心、家族慈善基金、親子溝通小組、家族辦公室。

家族委員會每季召開會議，會期 4 天，每年共有 16 天的家族會議，核心成員必須參加，遲到要罰 2,000 港元，其他家族成員也盡量參加，年會則是全部成員都必須參加。有趣的是，家族會議上，除了介紹自己及孩子與家庭情況，每個家庭成員還要列出自己的「爽指數」（1 ～ 10 分），包括是否開心、壓力指數、健康指數等，每年還都安排家族旅遊。

約束家族成員的家族憲章

默克集團家族早在 1850 年即制定了家族憲法（Family Constitutions，亦稱「家族憲章」），曾任集團董事長的史丹格・哈弗坎（Frank Stangenberg-Haverkamp）說過：「家族成員之間鬥爭的結果，將全部是輸家，沒有贏家。」當家族憲法規

範得很清楚時，成員就沒有爭鬥的空間。家族憲法規定家族成員的定義、權利與義務，要求成員要共同遵守誠信、勇氣、責任及透明等家族價值觀，還有訂定家族股份流動的規矩。

李錦記家族委員會於千禧年後幾年便制定了家族憲法，憲法第 1 條是：「第五代家族成員要先在家族外的公司工作 3 年至 5 年，才能進入家族公司；應聘的程序和入職後的考核，必須和非家族成員相同。而後根據他本人的能力，賦予適當的崗位。一旦違反了公司規定，也一樣會遭到辭退。」

憲法第 2 條是：「董事局一定要有非家族人士擔任獨立董事。」這就是參考上市櫃公司規定，董事會裡必須有非股東身分的獨立董事。憲法內容的制定和修改，必須經家族委員會 75％以上通過。有了家族憲法作為最高裁決機制後，李錦記的業務蒸蒸日上。

家族憲法的內容和長度，不可避免的會因各個家庭情況的巨大差異而有所不同。例如，家族企業的規模和複雜性差異很大，且由於每個家庭的特色及想法不見得相同，所以每家的家族憲法一定都不太一樣。至於應該具備哪些內容比較好，大原則可以參考企業用的公司章程，細部規定則可以參考企業使用的內部管理制度。

一個人或一個企業錢賺再多，最後都可能只是遺產而不是財產，如何將創辦人打下的江山傳承下去，才是最重要的。家族辦公室被視為高淨值家族量身定製的私人財富管理平臺，可以為家

族資產包括：家族企業、現金存款、金融產品、物業和房地產等，提供一系列完整、個性化的傳承安排與架構，幫助每一個高淨值家族建立更健康、更科學的財富傳承和管理架構，還可以為家族成員提供投資、法律、稅務、教育、留學等可以提高家族專業度和提升家族生活的服務。

另外，還可以協助成立家族委員會，並制定家族憲章，協助舉行定期的會議與溝通，大大有效的減少了家族的內部糾紛，確保了家族內部運作的透明度和決策的民主，從而可以在家族產生矛盾，和陷入艱難決策時發揮積極作用。

小康家庭也適用家族辦公室概念

看到這邊，你可能會覺得家族辦公室一定屬於超級富豪才需要的東西，其實一般小康家庭，或是還算有錢的家族，雖然不需要花大錢設立家族辦公室，仍可以參考家族辦公室的精神來做傳承規畫。

例如：在自家的中小企業或家庭控股公司裡，導入家族辦公室的做法，多聽取獨立專業人士的意見；若有成立信託，也可以在信託中參考家族憲法的內容；也可以組織家族委員會，大家定期聚會，討論溝通家族企業的治理及家庭財產的管理。

另外，考量到正統家族辦公室的高成本，有一些家族企業會自行建置小規模家族辦公室，並聘請家族成員或外部人士（如會

計師事務所或法律事務所等專業機構）擔任家族辦公室成員，稱為「虛擬家族辦公室」（Virtual Family Office，VFO），把它當作一個平臺，通常可以委外協助稅務、財務、法律、控股公司設計、慈善基金會設立規畫，以及財富規畫傳承等。

節稅小百科

家族憲章應該有哪些內容？

參考一般公司章程會有的幾個章節：總則、股份、股東會、董事及監察人、經理人、會計等。

總則：可以訂明家訓格言、家族精神及文化理念價值觀、家族簡史、家族企業內容、組織圖、家族成員的定義、成員於家族企業工作程序，甚至是信仰傾向、慈善方向、成員行為準則、婚姻程序、爭議解決辦法、子孫培訓計畫、退休老年照顧。

股份：規定家族成員對資產的持分比例及投票權。

股東會：就是家族會議的種類、開會頻率、出席規定與會議決策方式。

董事及監察人：即家族委員會的成員選定方式、任期及分工權責。

經理人：相當於總經理，可以當作是家庭的大總管，轄

（續下頁）

下並會聘請許多專業工作者，大概就是家族辦公室的做法。

會計：就是財務部，中國人所稱的大帳房，規定如何管理家族的資產、每年製作家庭財務報表，並提請家族成員大會承認、盈餘分派方式、投資管理、風險管理，員工酬勞可以當作是聘請外部專家及家族辦公室的費用提撥。

第 6 節
家族企業永續經營的方法——閉鎖性控股公司

2019 年初我受邀至賓州大學華頓商學院（Wharton School of the University of Pennsylvania）北京中心演講，分享的主題是「從歐美超級富豪及家族辦公室的投資組合，一窺天使創投在財富傳承中的門道」，現場的華頓商學院校友等聽眾反應與問答熱烈。其中有經營家族辦公室及信託（Trust）的業者詢問我，有關在臺灣的《公司法》及稅法等法令，如何影響企業及家族的傳承。許多人以為財富傳承都是以稅法為重點，很少人去在乎《公司法》與資產傳承其實有極大的關係。

股王大立光自 2018 年開始陸續申報轉讓持股，林氏家族成員共轉讓了一萬多張大立光持股，至新成立的閉鎖性控股公司——茂鈺紀念股份有限公司，轉讓完成後，茂鈺紀念股份有限公司成為大立光第一大法人股東。經過幾次持股申讓後，林氏家族的控股公司約持有大立光 14%。

對於家族持股轉讓，大立光執行長林恩平曾表示，控股公司

是閉鎖性的公司，不能賣股，未來控股公司每年分得的股利扣除相關稅負金額之後，會再增加對大立光的持股。林耀英的想法是希望林家子孫認真工作領薪水，不依賴股利過生活，另一方面也希望公司的股權穩固，為長遠發展奠定基石，讓員工安心工作。

究竟閉鎖性股份有限公司有何特別之處，會讓大立光創辦人林耀英透過此方式，達到家族企業傳承的目的？以下茲就介紹。

限制股權轉讓，家族企業不落入外人手中

閉鎖性股份有限公司於 2015 年實施，宗旨在於：為了建構我國成為適合全球投資，且更有利於新創產業的商業環境，吸引更多國內外創業者設立公司，賦予企業較大自治空間、多元化的籌資工具，及更有彈性的股權安排，故引進英、美等國之閉鎖性公司制度。

另自 2018 年《公司法》修法後，閉鎖性公司便成為熱門的家族企業傳承工具，其主要特點在於：

1. 章程得載明限制股份轉讓限制

就股權轉讓限制，有別於一般股份有限公司股權自由轉讓，不得以章程禁止或限制之，閉鎖性公司章程可以訂定限制轉讓條款，這將可以保障家族公司之股權不會在未經其他股東（家族成員）的同意下流落至外人手裡。

2. 可以發行種類多元的特別股

　　閉鎖性股份有限公司能夠發行如：複數表決權股之特別股（即一股可以多權）；對特定事項否決之特別股（俗稱黃金股），例如對解任董事監察人、變更章程、增減資、公司解散合併分割、出售重大財產等議案有否決權；保障當選董事席次、限制或禁止當選董事監察人、轉讓限制等內容的特別股。2018 年開放一般的股份有限公司，也能發行複數表決權或黃金股等多元特別股，亦即只要是非公開發行之股份有限公司，都可以發行以上所述之多元特別股。

　　就控制權行使來說，家族企業在做傳承規畫時，第一代如果希望生前將部分股權分配給第二代，同時又不會因為股權已經轉移，讓自己喪失企業經營權，可以透過分年贈與股權，以及由下一代獲配未來的公司股利，如此便能節省未來遺產及贈與稅。

　　因此，在規畫上可以設計第一代擁有複數表決權的特別股，及對特定事項具有否決權的特別股，如此一來，在各事項的表決上，能夠以壓倒性的表決權數主導公司各項議案，作出最有利公司發展的決策。亦可設計第二代取得的股權為限制任意轉讓股票的特別股，避免股權移轉下一代後便失去公司控制權。

3. 可制定股東應共同行使表決權

　　非公開發行公司可以書面契約約定共同行使股東表決權，也可成立股東表決權信託契約，由受託人依書面信託契約之約定行

使其股東表決權，能以此匯聚相同理念的家族股東，達到所需要的表決權數。

4. 股東人數不超過 50 人

股權將不會過度分散，公司也不會在公開發行後，喪失財務業務的資訊保密性。例如大立光，創辦人家族以閉鎖性股份有限公司來持有家族的持股，這個家族投資公司並不會公開發行，更不會上市上櫃，主要的經營實體公司才會讓其上市櫃，透過該閉鎖性股份有限公司持有大立光大量的股權，仍然能夠享有利潤分配權以及掌握企業經營權。

5. 盈餘分配多元化

過去《公司法》限制企業的獲利僅能一年分配一次。修法後擴大適用範圍，企業得於章程內規訂「每季或每半」會計年度盈餘分派或彌補虧損，此條好處在於家族企業在盈餘管理上更具彈性安排，讓未參與經營的家族成員得於每季或每半年取得股利。

6. 可不設置董事會

過去《公司法》規定「股份有限公司」均須設置董事會，董事會設置的董事還不得少於 3 人，然而，對於家族公司成員單純的情況下，常需要找人頭才能符合《公司法》要求。修法後對

非公開發行股票公司的董事人數彈性放寬，得於章程內規定不設置董事會，僅置董事 1 人或 2 人，以符合實際的操作情形，使得公司在治理上更有彈性與實務。

　　控股公司、財團法人基金會、信託等，都是家族企業傳承可選擇的工具，3 種各有其優缺點，家族企業主在選擇時必須多方考量，審慎討論，避免日後反成為家族企業經營之阻礙。控股公司賦予企業較大自治空間及彈性之股權安排，如何設計具彈性又能保障家族股權集中作用之轉讓條件，應尋找專家審慎討論並評估。

圖表 5-8　閉鎖性公司對家族企業的傳承優勢

閉鎖性公司特點	對家族企業傳承助益
可發行具「複數表決權」、「黃金股」等之多元特別股	• 「管理權」與「現金流量分配權」分離 • 讓較具有管理才幹的後代取得主要管理權
可於章程限制股權轉讓	避免競爭對手或外人入主

第 **7** 節

控股公司可節稅，
高股利者較適合

　　把原本自己的股份投入控股公司，除了能保護家族企業不被外人掌控，另一個好處是能夠節稅，而這也延伸出另一個問題：股票到底要由個人還是公司持有較節稅？答案是：看你主要是以賺價差或領股利為主。

　　如果是以買賣上市櫃有價證券賺價差為大宗，因目前證券交易所得稅停徵，用個人名義持股即可（注意若是未上市櫃的證券交易所得有 20% 最低稅負的問題）；但如果是以領股利為主，則要精算比較，分別計算個人股利所得稅（合併計稅或分開計稅），以及用公司持股的所得稅，分析何者稅負較低。

個人股利所得稅課稅方式

　　境內居住者股利所得課稅方式，按下列二擇一適用：

　　1. 合併算再讓你抵：將股利所得併入綜合所得總額課稅，

享有 8.5％的股利可抵減稅額比率（金額遇小數點以下採四捨五入），惟每一申報戶以 8 萬元的可扣抵金額為上限。

2. 分開算單一稅率：股利所得按 28％ 稅率分開計算稅額，無可扣抵稅額，與其他類別所得計算之應納稅額合併報繳。

境外居住者及境外法人的股利所得，則是採取扣繳方式，扣繳率為 21％。

如何選擇合併還是分開計算呢？通常**高所得者，只要有一點股利，就應選擇股利分開計稅較省稅**。若只有 50 萬元的薪資，股利所得要高達七百多萬元以上，才應選擇股利分開計稅。反之，低所得並低股利者，應選擇股利合併計稅。

簡單來說，中低所得者適用股利所得合併計稅，高所得者適用股利分開計稅。另外提醒，選擇股利分開計稅者，須併入最低稅負制（《所得基本稅額條例》）。

圖表 5-9　股利所得稅合併與分開計稅比較

計稅方式 （二擇一）	稅率	可抵減稅額比率
合併計稅	併入所得額 5％～ 40％	股利 ×8.5％（上限 8 萬元）
分開計稅 （單一稅率）	本國人 28％	✕
	外國人 21％	✕

法人的股利所得稅課徵方式

依《所得稅法》第 42 條規定：「公司、合作社及其他法人之營利事業，因投資於國內其他營利事業，所獲配之股利或盈餘，不計入所得額課稅。」公司投資其他國內企業所獲得股利，免繳營利事業所得稅，公司若保留盈餘不分配，只要繳 5% 的未分配盈餘所得稅。

控股公司若屬於未上市櫃公司，有上述好處，所以，**通常股利龐大者以公司持有股票較節稅，不過這類規畫要小心誤入實質課稅原則。**

分配盈餘、發行有價證券，
都會影響控股公司稅負

利用控股公司節稅要特別注意的是，如果當年度不分配公司盈餘，須繳納未分配盈餘加徵 5% 所得稅。另外，個人股東移轉股權將有財產交易所得（按：指出售或交換財產及權利的所得）併入綜合所得稅的疑慮。

還有，自 2021 年起，個人未上市、未上櫃且未登錄興櫃的股票交易所得，要併入最低稅負制（《所得基本稅額條例》）課稅。以及自 2021 年 7 月起，符合一定條件的股權交易（按：指同時符合直接或間接持股或出資額大於 50%，且股權或出資額

的價值 50％以上來自臺灣境內的房地），不論出售部分或全部持股，均應依房地合一稅 2.0 課稅。（詳見第 3 章第 5 節）

個人移轉未上市櫃股票，若該股票有發行有價證券（按：指具有一定價格和代表某種所有權或債權的憑證，包括股票和債券；上市櫃公司必為有價證券），由於目前政府停徵證券交易所得稅，只要繳納證券交易稅（成交價的 0.3％）即可。

但是若該未上市櫃公司的股票沒有發行有價證券（按：沒有請金融機構簽證股票，即非屬有價證券）。移轉非有價證券股票則須依照價差計算，並繳納 5％～ 40％的財產交易所得稅，所以若評估未來出售股票獲利很大，建議可去金融機構辦理股票簽證，成為有價證券。

出售未上市櫃公司股份可分為「證券交易所得」或「財產交易所得」，係依據該公司股票是否有依《公司法》第 162 條規定辦理簽證：

1. 有簽證發行股票：屬證券交易所得，停徵所得稅，應繳證券交易稅 0.3％；並計入基本所得額。

2. 無簽證發行股票：屬財產交易所得，應繳所得稅 5％～ 40％。

須特別注意，有限公司並非「股份有限公司」（見右頁圖表 5-10），個人出售轉讓有限公司出資額的所得，屬於財產交易所得（同無簽證發行股票）。

控股公司節稅，須注意實質課稅原則

　　另外，就遺產贈與稅來看，未上市櫃公司帳上若有不動產、轉投資上市櫃公司股票，財政部得重估資產，不動產部分調高至贈與日或死亡日的公告現值（可扣除土地增值稅準備），轉投資上市櫃公司的部分，則調高至死亡日或贈與日的收盤價，另累積未分配盈餘，並按稅捐機關過去所核定的金額為準。

圖表 5-10　「有限公司」與「股份有限公司」之差異

項目	有限公司	股份有限公司
法規依據	《公司法》	
成員責任	有限責任，以其出資額為限。	
股東人數	1 人以上	2 人以上，或法人股東 1 人以上。
業務機關	董事	董事會、所有權與經營權分離。
損益分配	通常依出資額比例而訂，也可章程自訂。	依持股比例而訂。
每年盈餘分配次數	1 次	1～4 次
出資轉讓	股東須經其他股東表決權過半數同意；董事的股份須經其他股東 2/3 以上同意。	除了閉鎖性公司，原則上股東自由轉讓。

另一項風險，則是原始股東先前投資的獲配股利金額，已適用綜合所得稅較高的稅率，並且對公司的盈餘分配有重大影響力，才來設立控股公司以節省所得稅，將容易被國稅局以實質課稅原則來稽查補稅。

例如：國稅局曾查獲甲君以自己、配偶及親屬名義成立無實質營業行為之B投資公司，將其原應分配予個人的股利移轉至投資公司，不當規避個人營利所得，逃漏綜合所得稅，依《所得稅法》規定調整歸課補徵綜合所得稅，並處以罰鍰。

甲君與其配偶及親屬等人將所持有A公司之股票，以兩億餘元移轉予新設立的、無實質營業行為之B投資公司，且B公司購買A公司股票的資金來源，還是由股東甲君等人代墊（帳列股東往來），等到B公司獲配A公司的鉅額股利一億八千餘萬元後，再償還甲君等人代墊的借款。

B投資公司設立後，除買賣A公司股票及獲配股利外，並無其他營業活動及收入，經國稅局查獲，甲君等人藉由虛偽移轉股權安排，規避個人綜合所得稅，遂依實質課稅原則調整歸課甲君之營利所得，補徵綜合所得稅三千多萬元外，並依《所得稅法》第110條規定處以罰鍰。

從以上案例可知，任何稅務規畫皆應提早安排處理，尤其是已經多年皆領取高額股利，並適用較高綜所稅率者。若是為了節稅才趕快成立投資公司，隔年的綜所稅會很明顯的突然大幅降低，國稅局的電腦便易察覺異狀，不可不慎。

結語
財產傳承 6 大策略及 12 大工具

　　為了幫助各位讀者，以合理且合法的方式節稅，以下針對個人財產傳承方式，總結出 6 大重要策略，包括：分散、移轉、壓縮、凍結、集中、高飛。

　　因為資產金額越高、複雜程度越高，運用的工具也會越多，所以這 6 種策略各有好幾種方式及工具，而且皆有優點及缺點，適用的時機也不同。

　　至於常見的資產傳承工具，我分成 12 大種，包括：分年贈與、夫妻剩餘財產差額分配請求權、保險、基金會（財團法人）、公益信託、不動產、農地、信託、控股公司、家族辦公室、境外資產與移民，以下透過 6 種財產傳承的策略，來分別介紹這 12 種工具：

策略 1：分散（Diversification）

　　分段移轉財產，一方面可以減少個人名下財產的金額，進

315

而降低個人遺產稅負的風險，另一方面能增加第二代可運用的資產，是穩健合理的做法。常見的分散方式有：

1. 分年贈與

分年贈與是最簡單、最普遍的財產移轉策略。依現行遺贈稅法規定，夫妻間相互贈與免稅，父母每人每年有 244 萬元的贈與免稅額，此外子女婚嫁時，再享有父母各 100 萬元的贈與免稅額度。

透過贈與稅基本免稅額，分年將資產移轉給第二代，甚至是贈與給下一代高壓縮價值的財產，逐年「分散」遺產總額，自然就能降低遺產及贈與的稅負。

2. 善用配偶剩餘財產差額分配請求權

永豐餘集團前董事長何壽山與元配蔡蕙心有 4 名子女，另與二房有 2 名子女，何過世後留下約 75 億元的遺產。由於何蔡兩人在婚姻關係中累積的財產，何比蔡多 49.4 億元，因此蔡請求先從遺產中分配 24.7 億元，剩餘遺產再由各法定繼承人繼承。

這個請求權不僅影響 6 名子女繼承財產的金額，也會使遺產稅額變少，因此國稅局亦對此提出行政訴訟，主張民法關於配偶剩餘財產差額分配請求權的條文是於 1985 年生效，蔡蕙心只能請求 1985 年之後夫妻共有財產的一半。然而法院最後判決，同意蔡蕙心的剩餘財產請求權，可以將 24.7 億元列為何的遺產

稅扣除額，國稅局也因此損失大筆遺產稅收。

依《民法》第 1030-1 條的規定：「法定財產制關係消滅時，丈夫或妻子現存的婚後財產，扣除婚姻關係存續所負債務後，如有剩餘，其雙方剩餘財產之差額，應平均分配。」另外，配偶的剩餘財產差額分配請求權和繼承權是兩種不同的權利，因此配偶在主張完此權利後，仍可和子女共同享有繼承權。

由於分散分段移轉，時間成本及規費成本皆會逐年增加，每年應檢討財產增減及持續做好節稅的布局。

策略 2：移轉（Transfer）

將原本依《稅法》上規定為應稅的財產，透過資產配置的重新調整，轉換為免稅的財產，以降低財產稅負的風險。移轉策略較常見的有：

1. 買保險

因為指定受益人的人壽保險理賠金額，不計入遺產總額項目，所以保險是資產移轉為免稅財產的絕佳方式。另外，被繼承人身後的保險理賠金額，因屬現金給付，有更加靈活運用資金的優點，可作為繼承人繳納遺產稅額或其他費用的支出。

保險給付大多數為免稅情況，但仍應留意最低稅負制的規定（注意要保人及受益人不相同的保險給付）、投資型保單投資帳

戶部分是否應課遺產稅，以及實質課稅原則的適用，切忌濫用。

2. 設立財團法人（基金會）或公益信託

　　成立基金會財團法人及公益信託，也是在臺灣常見的傳承工具。曾有傳聞，長榮集團創辦人張榮發早在過世前，就已把大部分的財產捐給「財團法人張榮發基金會」及其他慈善機構；台塑集團王家族則有知名的「財團法人王詹樣社會福利慈善基金會」、「王長庚社會福利公益信託」等。

　　財團法人基金會及公益信託本身即已免所得稅，另外若將遺產捐入，還有免遺產稅及贈與稅、可列入所得稅扣除額、部分免徵土地增值稅等特性。企業大股東藉由成立財團法人或公益信託，並捐錢給自己成立的財團法人或公益信託，不僅可以獲得社會公益慈善的美名，亦能順便節省所得稅、遺產與贈與稅，有些甚至再讓財團法人回頭持有自己企業的股票，而且財團法人所獲配的投資所得，在某些條件上又可以免稅，因此不少富豪家族會選擇用這兩者來作節稅規畫。

策略 3：壓縮（Downsize）

　　利用特定財產的市場價值，可以透過普遍高於稅務計算用的法定價值之特性，壓縮個人計稅的財產總額。常見的工具包括：

1. 購買依照公告現值課稅的不動產

　　基本上，目前不動產的課稅價值，依照土地公告現值與房屋評定現值課稅（法定價值），而公告現值或評定現值通常低於市價許多。另外，若子女向二親等內的親戚購買不動產，但資金不足，可以用法定價值作為買賣價格，便能減少資金的壓力，可見不動產是壓縮財產課稅價值的良好工具。

　　然而，不動產的資產流動性偏低，不易變現，以至於有資金僵固的風險，若短期內有資金調度需求，則較不建議。而且不動產通常隨著景氣波動，影響房價，若景氣不好，所持有的不動產市價滑落，則可能省了稅金，虧了房價，造成個人投資損失。

　　近年財政部針對不動產，透過每年大幅調增土地公告現值、增加房屋稅、新增房地合一稅等手段積極課稅，持有交易不動產的稅負成本將越趨增高，包括：土地增值稅、遺產稅、贈與稅、交易所得稅、房屋稅等。

2. 農業用地作農業使用

　　有一種獨特的不動產，除了能夠壓縮資產的法定價值外，還有機會能壓縮至零，那就是農地。

　　農地有遺產稅、贈與稅、土地增值稅 3 大項免稅優點。依《遺產及贈與稅法》第 17 條規定：「遺產中作農業使用的農業用地及其地上農作物，由繼承人或受遺贈人承受者，扣除其土地及地上農作物價值的全數。」同法第 20 條規定：「作農業使用

的農業用地及其地上農作物，贈與《民法》第1138條所定繼承人者，不計入其土地及地上農作物價值的全數。」

還有《土地稅法》第39-2條規定：「作農業使用的農業用地，移轉與自然人時，得申請不課徵土地增值稅。」

總而言之，農地幾乎不用課稅，惟應注意的，必須在該土地農業使用一段時間。依《遺產及贈與稅法》規定，農地承受人自承受當天起5年內，未將該土地繼續作農業使用，將被補徵稅負；依《土地稅法》規定，土地增值稅的土地承受人在具有土地所有權的期間內，被查獲未作農業使用，於再移轉時應課徵土地增值稅。

另外，若按照各縣市主管機關發布新的都市計畫，於繼承前該農業用地的地目因此變更為非農業用地，也會無法適用免稅的規定。

策略4：凍結（Freeze）

香港著名主持人沈殿霞於2008年因癌症病逝，留下與鄭少秋所生的獨生女，當時不到20歲的鄭欣宜，和約新臺幣2.1億元的遺產。

沈殿霞擔心女兒年紀太小，一下子承接這麼大筆財產不知如何管理，或被有心人覬覦，於是成立了遺囑信託，以沈殿霞自己為委託人，女兒鄭欣宜為受益人，更指定鄭少秋和她信任的友人

為監察人，設計信託每月撥出 2 萬港元作為鄭欣宜的生活費，直到她滿 35 歲時，才可動用剩餘的全部遺產。

2023 年鄭欣宜即滿 35 歲，她早在 2021 年時就對外表示過，不論有沒有媽媽的遺產，都不影響她的生活，現在的她不需要依賴這筆遺產過生活，當財產移交給她時，她也已經有能力妥善運用。

另一個充分利用信託特性的例子，是天后級藝人梅艷芳，她在病逝前留下一份遺囑，將其近億元港幣的遺產轉移到信託公司，而不是交給她 80 歲高齡的母親。為什麼梅艷芳要這麼做？因為她認為母親嗜賭如命、揮霍無度，如果把遺產一次全部給媽媽，很快就會損失殆盡，以致媽媽以後的生活沒有著落。

梅艷芳透過設立信託基金，將遺產委託給專業的信託機構打理，信託公司按照囑託，每個月支付幾萬元的生活費給媽媽直到去世，這樣媽媽就可以安享晚年。

將資產「凍結」在信託裡，不讓外界或有心人有機會碰觸，是傳承資產照顧後人的方式之一。此外，信託也有節稅的特性。資產所有權人，可以透過本金自益、孳息他益的信託方式，將個人名下財產衍生的孳息移轉給第二代，以「凍結」固定個人資產計稅的金額，避免本金配發的孳息膨脹個人總財產數額，而逐年增加稅負的風險。

策略 5：集中（Centralize）

由個人成立公司，並以其公司名義持有其他公司的股權，稱為控股公司或投資公司。持有未上市櫃股票，除了有機會享受「壓縮」財產課稅價值的優點，另外，成立經特殊設計的家族控股公司，或採用家族辦公室，可以將家族財富集中管理，是歐美等先進國家常用的家族財富傳承模式。

1. 控股公司（投資公司）

食品大廠泰山曾在 2016 年爆出經營權之爭，公司大股東一度落入外人手裡，2021 年時傳出創辦人家族討論成立控股公司，積極捍衛對於泰山的主導權。

控股公司可以發行各種保障經營權的特別股，及可在章程中限制股權轉讓，所謂的肥水不落外人田，又能便於家族傳承企業給下一代，同時又能掌握公司控制權，是企業傳承的絕佳工具。早在泰山之前，光電大廠大立光創辦人家族，即已在 2018 年及 2019 年分別成立兩家控股公司，成為大立光第一大法人股東，創辦人的想法，即是希望公司股權穩固，利於永續發展。

控股公司（投資公司）還有能夠節稅的好處，原本由個人持有股票，在獲配大額股利時，將會課徵最高 28％的所得稅。然而，由於國內公司投資其他國內公司所獲得股利，免繳營利事業所得稅，控股公司若保留盈餘不分配，只要繳 5％的未分配盈餘

所得稅。既能節稅，又能集中控管家族的資產，因此有越來越多人成立家族控股公司，來當作家族傳承的工具。

2. 家族辦公室

　　歐美有許多的家族企業運用家族辦公室（Family Office）作為家族傳承方式，一些著名的富豪如微軟（Microsoft）創辦人比爾蓋茲（Bill Gates）、Google 創辦人謝爾蓋‧布林（Sergey Brin）、、亞馬遜（Amazon）創辦人傑夫貝索斯（Jeff Bezos）、德國 BMW 匡特（Quandt）家族等；在亞洲近年也有一些富豪，像是海底撈創辦人張勇、中租控股股份有限公司創辦人辜仲立、經營美容事業的克緹國際集團陳武剛等家族，也相繼成立家族辦公室，專責管理及運用家族財富。

　　相對於大部分的金融機構，家族辦公室是專為高資產人士與家庭服務的中立機構，會將客戶家族成員的需求與利益放在首位，提供稅務和遺產規畫、投資建議、風險管理、信託、法律諮詢、客觀財務顧問等，連管理慈善基金會、家族成員生活管理、行政管理、教育、家族企業治理等，也會一併統合協助管理。

策略 6：高飛（Departure）

　　將資產轉移至海外，透過稅法管轄權不易跨國的限制，使財產蒙上一層霧，看不清又摸不透，也就可以減少課稅的機會；另

外透過移民，成為非屬我國的稅務居民，自然也就不用課徵我國的稅。這種讓資產「高飛」離境的做法，也是一種節稅的布局。

1. 境外資產

香港媒體人黎智英多年前賣掉臺灣的《蘋果日報》、《壹週刊》及壹電視，新聞報導黎因此進帳 175 億元，但財政部卻可能課不到多少稅。

這是因為黎智英賣掉這些事業，實際上真正的賣方並不是他本人，而是香港壹傳媒設在英屬維京群島、荷蘭與臺灣等三地的各家控股公司，整個交易是在海外進行並交割股權，而非直接賣掉臺灣《蘋果日報》或《壹週刊》的股權。由於交易的過程及標的都在海外，按照臺灣的稅法規定，交易在海外，獲利的所得稅及證券交易稅可能都不需要被課稅。

這也就是為什麼許多企業要設立境外公司，目的即是想得到稅務上的好處。因為境外公司是註冊在外國的組織，臺灣政府對其沒有管轄權；對於個人來說，海外取得的收入（海外所得），在早期（2010 年以前）也是免稅。

臺灣許多人持有境外公司，並且同時會在銀行開立 OBU（境外金融）帳戶，所以有些人會俗稱它們為「OBU 公司」。然而，近年財政部因應全球的反避稅趨勢，頒布了許多制度，諸如：CRS（共同申報準則）、CFC（受控外國企業）、PEM（實際管理處所），讓境外避稅限制變多，以往大家總覺得海外

所得、海外資產，抓不到也查不到，然而，錢是有腳印的，凡走過必留下痕跡。

2. 移民

偶爾會聽到明星或企業家移民的新聞，其中又以某些國家最受名人青睞，例如日月光董事長張虔生、台塑集團創辦人王永慶的長孫王泉仁、聯華電子創辦人曹興誠（後來又回復中華民國國籍）等都移居到新加坡，而彭于晏、張韶涵、趙又廷、杜德偉、謝霆鋒等則都有加拿大國籍。

為什麼有些人會想移民？除了考量小孩的教育及經濟發展環境外，另一個重點就是為了節稅的布局。因為像是新加坡及加拿大都沒有遺產稅和贈與稅，而臺灣遺產贈與稅最高達到20％；另外臺灣會課徵海外所得稅，新加坡則不但沒有海外所得稅，也沒有課徵資本利得稅。由於國內外稅率差異不小，近年臺灣的地緣政治風險又節節升高，因此很多大老闆、企業家二代都會透過入籍他國，藉此避開風險，又能享有較低的稅率及相關優惠。

附錄 1
5 月報稅前你該知道的──
個人綜合所得怎麼計算

　　5 月是一年一度申報所得稅的季節，民眾擔心繳了稅後荷包失血，連帶的不想消費與看屋，可見繳稅的影響力非常大。

　　我們每個人會產生的所得，類別五花八門，《所得稅法》第 14 條將其歸類成 10 大類別，包括：營利所得；執行業務所得；薪資所得；利息所得；租賃及權利金所得；自力耕作漁牧林礦的所得；財產交易所得；競技、競賽及機會中獎之獎金或給與；退職所得；其他所得。各項說明可見下頁圖表 A-1。

　　但也並非所有收入都要課稅，《所得稅法》也有明定出一些所得可以免稅，除了大家最熟悉的保險給付（含人身保險、勞工保險及軍、公、教保險）之外，還有個人稅費、版稅、作曲、漫畫，以及講演鐘點費等收入；2016 年以前取得之土地交易所得；個人出售日常衣物家具；因繼承或贈與而取得的財產；證券及期貨交易所得；傷害或死亡之損害賠償金、依國家賠償法規定取得之賠償金等。

　　其中可特別注意的是，個人稿費、版稅、作曲、漫畫，以及

講演鐘點費等收入，通常會列為執行業務所得，但這些收入全年若沒超過 18 萬元，即可全數免稅。

如何節省個人所得稅？你得事先布局

　　繳納綜合所得稅，並非很單純的把當年度所賺到的錢，直接

圖表 A-1　綜合所得 10 大來源

綜合所得類別	注意事項
1. 營利所得	股利、獨資合夥分配盈餘。
2. 執行業務所得	有成本費用可減除，約可扣 30% 左右。
3. 薪資所得	勞工薪資自提 6% 免稅，有「定額減除」或「舉證減除」費用可減除。
4. 利息所得	公債等分離課稅 10%。
5. 租賃及權利金所得	有成本費用可減除，租金 43% 可扣。
6. 自立耕作漁牧林礦的所得	有成本費用可減除。
7. 財產交易所得	房屋交易留意實價登錄。
8. 競技、競賽及機會中獎之獎金或給與	有成本可減除，分離課稅者則不可減除。
9. 退職所得	分期領取 81.4 萬元免稅；一次領取 18.8 萬元 × 年資免稅，37.7 萬元 × 年資以下計半數。
10. 其他所得	有成本費用可減除。

乘以適用的稅率（第 330 頁圖表 A-2），政府不可能這麼狠，而是會針對每個家庭不同的情況，例如要扶養多少家人或老人？孩子是不是讀大學？有沒有買保險？或是生病了需要醫藥費等，提供一些免稅及可以扣除掉的額度，我們稱為免稅額或扣除額（見附錄 2）。常用的綜合所得稅計算公式如下：

所得淨額＝所得總額－免稅額－一般扣除額（標準或列舉）－
　　　　特別扣除額－基本生活費差額

應繳稅額＝所得淨額 × 適用稅率－累進差額－扣繳稅額－可扣
　　　　抵稅額－可抵減稅額

從公式來看，想要節省個人所得稅金，最快的方法有 2 種：

1. 減少會被政府課稅的所得額。

2. 增加政府承認可以抵稅的扣除額及免稅額。

連國稅局也有低消──最低稅負制

《所得基本稅額條例》，又俗稱「最低稅負制」。最低稅負制的目的是要讓原本所得很高，但因享受各項租稅減免，而完全免稅或稅負非常低的人，對國家財政能夠有最基本的貢獻。

所謂最低稅負，就是針對境內居住者，當一般所得稅額（每

圖表 A-2　2022 年及 2023 年綜合所得稅課稅級距、累進稅率及累進差額

級別	課稅級距	稅率	累進差額
1	560,000 元以下	5%	0
2	560,001 ～ 1,260,000 元	12%	39,200 元
3	1,260,001 ～ 2,520,000 元	20%	140,000 元
4	2,520,001 ～ 4,720,000 元	30%	392,000 元
5	4,720,001 元以上	40%	864,000 元

年 5 月結算申報所計算的應納稅額，減掉各項投資抵減稅額後的餘額，即一般所說的綜所稅）低於基本稅額時，就須多繳稅，多繳的金額為基本稅額減掉一般所得稅額。那麼，計入個人基本所得額（最低稅負）的項目有哪些？包括：

1. 綜合所得淨額：即綜合所得總額減掉免稅額以及所有扣除額。

2. 他益保險金：2006 年後所訂立的人壽保險及年金保險，且受益人與要保人不相同，受益人領到的保險給付（若是死亡給付，每一申報戶每年有 3,330 萬元可以扣除）。

3. 非現金捐贈：於綜所稅減除的非現金捐贈扣除額，現金捐贈的部分不用計入。

4. 海外所得：未計入綜合所得總額的非中華民國來源所得，以及依《香港澳門關係條例》規定免納所得稅的所得。也就是臺灣及中國大陸以外的國家，還有香港、澳門的所得（一申報戶全年未達 100 萬元者，免予計入）。特別提醒，這 100 萬元不是扣除額概念，而是門檻概念，例如海外所得 101 萬元，應併入基本所得額 101 萬元，而不是 1 萬元。

5. 未上市（上櫃、興櫃）股票及私募證券投資信託基金的受益憑證交易所得。

6. 選擇分開計稅之股利及盈餘合計金額。

7. 其他：2006 年 1 月 1 日後，各法律新增的減免綜合所得稅之所得額或扣除額，經財政部公告應計入個人基本所得額者。

上面 7 項加總後即為「基本所得額」，減掉每一申報戶每年有免稅額 670 萬元，乘以稅率 20%，計算出「基本稅額」，再與綜合所得應納稅額（一般所得稅額）比大小，若基本稅額比一般稅額大，就要多補差額。

海外所得如果已經依他國的法律規定繳納所得稅，可以於限額內，扣抵基本稅額與一般所得稅額的差額。但扣抵的限額不得超過因為加計海外所得後，而依規定計算所增加的基本稅額。

附錄 2
綜所稅的免稅額及扣除額，
讓你的稅省一點

　　在申報綜合所得稅時，每個人都有最基本的免稅額及標準扣除額可以扣除，申報戶裡有幾個人，就有幾份免稅額。依現行規定，未滿 70 歲的納稅義務人、配偶，每人免稅額為 9.2 萬元；若家中有超過 70 歲以上的老人，就會給比較高的免稅額，達到每人 13.8 萬元。

　　扣除額部分共有 3 種：標準扣除額、列舉扣除額、特別扣除額。標準扣除額或列舉扣除額是二擇一，如果你嫌麻煩，或是平時很少列舉扣除額所條列的那些花費（包含保險費、醫藥費、生育費、房貸利息、房租、捐贈、災損），就可以採用標準扣除額，單身的扣除額是 12.4 萬元，有配偶者加倍扣除，就是 24.8 萬元。

　　特別扣除額，顧名思義就是除了標準或列舉扣除額二選一之後，額外再特別讓你扣除的費用項目。下頁圖表 A-3 整理了 2022 及 2023 年度（2023 及 2024 年 5 月申報）的免稅額、扣除額一覽表，方便讀者快速對照。

圖表 A-3　2022 及 2023 年免稅額、扣除額一覽表（2022 及 2023 年度的所得，2023 及 2024 年 5 月申報適用）

免稅額	
納稅義務人、配偶及受扶養親屬	9.2 萬元
年滿 70 歲以上（本人、配偶、受扶養直系尊親屬）	13.8 萬元

扣除額		
標準扣除額	單身	12.4 萬元
	有配偶者	24.8 萬元
列舉扣除額	捐贈	≦綜合所得總額 20%，政府 100%
	保險費	人身險每人 2.4 萬元，健保 100%
	醫藥及生育費	核實 100%
	災害損失	核實 100%
	購屋借款利息或房屋租金	購屋借款利息每戶上限 30 萬元（須扣除儲蓄投資特別扣除額）或房屋租金每戶上限 12 萬元，擇金額較高者。
特別扣除額	薪資所得	每人定額 20.7 萬元，或特定費用：薪資所得 ×9%（每項收入限額 3%，3 項共 9%）
	儲蓄投資	每戶 27 萬元
	身心障礙	每人 20.7 萬元
	教育學費（經教育部認可之國內外大專以上子女）	每人 2.5 萬元
	財產交易損失	≦當年度財產交易所得，3 年內可抵
	幼兒學前（5 歲以下子女）	每人 12 萬元
	長期照顧	每人 12 萬元
基本生活	基本生活費用差額	19.6 萬元 × 人數一比較項目合計數
投資新創	個人投資新創事業公司	投資金額 50%，上限 300 萬元

列舉扣除額，有正當收據就能扣

依照《所得稅法》第 17 條規定，列舉扣除額包括捐贈、保險費、醫藥及生育費、災害損失、房貸利息、房租等費用，以下為逐項說明。

1. 捐贈費用

捐贈包括教育文化公益慈善機關團體及公益信託、政府及國防或勞軍、具文化價值文物及古蹟維護、政黨或政治團體及擬參選人、私立學校、公立學校等。重點整理見下頁圖表 A-4。

提醒，社團會費、安太歲、點光明燈等不屬於捐贈性質，不得扣除。去寺廟裡添的香油錢，若沒取得收據，也不得扣除。

2. 保險費

納稅義務人、配偶或申報受扶養「直系」親屬的人身保險保險費，被保險人與要保人應在「同一申報戶內」，可列舉扣除，而且每人每年享有 2.4 萬元的保險扣除額。但全民健保的保險費及補充保費，可以全數扣除。

提醒，財產保險非人身保險，故無法列舉扣除額。還有，人身保險即使是直系血親投保，若子女已經成年並自行報稅，以子女當被保險人、父母為要保人的保單，則無法列舉扣除。解決辦法是將要保人更改為子女，因要保人及被保險人皆為同一人，便

可在子女自己的申報戶中列舉扣除。

3. 醫藥及生育費

　　本人、配偶或受扶養親屬的醫藥費及生育費，以公立醫院、

圖表 A-4　捐贈列舉扣除額規定

捐贈類別	扣除額限制	特別注意
教育、文化、公益慈善機關團體、公益信託	不得超過綜合所得總額的 20%。	捐贈對象須經主管機關登記立案所成立。
政府、國防、勞軍	不受金額限制。	
具文化價值文物、古蹟維護	不受金額限制。	依《文化資產保存法》規定出資贊助維護，或者是修復古蹟者。
政黨、政治團體、擬參選人	不得超過綜合所得總額的 20%。每年申報金額不得超過 20 萬元。若捐贈同一擬參選人，上限 10 萬元。	1. 擬參選人未參選或經撤銷不得扣除。 2. 政黨在當年或上次立委選舉得票率未達 1% 者，不得扣除。
私立學校	不得超過綜合所得總額的 20%。透過「私立學校興學基金會」代捐，並指定學校捐贈，以綜合所得總額 50%為限。透過私立學校興學基金會，但不指定學校捐贈，則不受金額限制。	
公立學校	不受金額限制。	

全民健康保險特約醫療院所，或經財政部認定其會計紀錄完備正確的醫院者為限（多數國術館的收據無法列報），而且受有保險給付部分不得扣除。

　　另外提醒，植牙、假牙、齒列矯正等費用，必須是醫療所需，且檢附收據及醫師診斷書，才能列報扣除。但如果是以美容為目的的植牙支出、長期照顧費、看護費、坐月子中心、美容行為消費等，非醫藥費或生育費，並不屬於醫療性質，所以不可列報扣除。

4. 災害損失

　　本人、配偶或申報受扶養親屬若遭受不可抗力的災害，如地震、風災、水災、旱災、火災等損失，可以申報列舉扣除，但受有保險賠償或救濟金部分，則不得扣除。

　　申報列舉扣除，必須於災害發生 30 天內，準備好損失財物照片及清單、原始取得憑證、保險公司鑑價損失資料、或受損財物修復取得之統一發票或收據等，申請並取得稽徵機關調查核發的證明文件。

5. 購屋借款利息及房屋租金

　　民眾貸款購屋後申報綜所稅時，購屋借款利息可以透過列舉扣除額，省下為數不小的稅款，還有間接降低貸款利率的好處。不過，仍須遵守相關規定，包括房屋登記為申報戶所有，以一屋

為限，並於課稅年度已在該地址辦完戶籍登記，且無出租、供營業或執行業務等使用。

而申報的金額，以當年度實際支付的購屋借款利息支出，減去儲蓄投資特別扣除額後的餘額計算，扣除額不得超過 30 萬元。若房屋為配偶所有，由申報本人支付的利息，須與配偶同一申報戶，才可以列報。

至於租屋族付的租金，扣除額規定上限是 12 萬元，能列報的房租支出對象僅限於納稅義務人、配偶或申報受扶養「直系」親屬，而且僅在「境內」租屋供自住，非供營業或執行業務使用，尤其不得與購屋借款利息同時申報。

7 大類特別扣除額

特別扣除額包括 7 大類，包括：薪資所得特別扣除額、儲蓄投資特別扣除額、教育學費特別扣除額、身心障礙特別扣除額、財產交易損失扣除額、幼兒學前特別扣除額及長期照顧特別扣除額，妥善使用就可以省下一筆稅款。

1. 薪資所得特別扣除額

薪資所得計算方式可採二擇一方式，納稅義務人、配偶或受扶養親屬各有薪資所得，每人每年都可以定額減除 20.7 萬元（2022 及 2023 年），或可依特定費用減除。

可特定減除費用項目，依據《個人薪資收入減除必要費用適用範圍及認定辦法》，應符合提供勞務直接相關且必要、勞工的實質負擔、重大性及共通性等原則，並規範出以下 3 項可減除項目：

(1) 職業專用服裝費。職業所必須穿著之特殊服裝或表演專用服裝，其購置、租用、清潔及維護費用，例如名模走秀、劇團表演者或演藝人員為了表演購買服裝等。

(2) 職業上工具支出。購置專供職務上或工作上使用書籍期刊及工具之支出，其效能非 2 年內所能耗竭，且支出超過 8 萬元者，應逐年攤提折舊或攤銷費用，例如：美髮師購買理髮刀、教師購買教具等。

(3) 進修訓練費。參加符合規定之機構開設職務上、工作上或依法令要求，所需特定技能或專業知識相關課程之訓練費用。

以上 3 項特定費用採單項計算，在報稅時須檢具證明文件，每人每年減除金額以其薪資所得的「3%」為限，總計可減除薪資所得的 9%。

原則上，年薪超過 230 萬元以上，報稅時選擇特定費用減除才比較有利（20.7 萬元 ÷9% ＝ 230 萬元）；一般薪資階級則可採定額減除 20.7 萬元。

2. 儲蓄投資特別扣除額

一般為金融機構的存款利息，一戶上限為 27 萬元，但規定

免稅的存簿儲金利息（例如郵局存款本金在 100 萬元以下者，按活期儲金利率給付利息）及分離課稅的利息，不包括在內。

以現在銀行存款利率約 1% 左右來看，一戶約 2,700 萬元以內的存款，利息所得皆可全數扣除。

3. 身心障礙特別扣除額

納稅義務人、配偶或申報受扶養親屬，若是領有身心障礙手冊或身心障礙證明（須檢附該手冊或證明影本），或《精神衛生法》規定的嚴重病人（指呈現出與現實脫節的怪異思想和奇特行為，導致不能處理自己事務，且經專科醫師診斷認定者），須檢附專科醫生的嚴重病人診斷證明書，不得以重大傷病卡代替，每人可減除 20.7 萬元。

4. 教育學費特別扣除額

申報扶養就讀經教育部認可之國內外「大專以上」「子女」的教育學費，包括學費、雜費、學分學雜費、學分費、實習費、宿舍費等，每人每年可扣除 2.5 萬元，若有接受政府補助，應扣除補助金額。提醒，就讀空大、空中專校及五專前 3 年者不適用。

5. 財產交易損失扣除額

每年度的扣除額，以不超過當年度申報的財產交易所得為限

（必須檢附有關證明文件）。如果當年度沒有財產交易所得，或是財產交易所得額比財產交易損失額少，還沒有扣除的財產交易損失餘額，可以在以後 3 年度的財產交易所得中扣除。

6. 幼兒學前特別扣除額

以申報扶養 5 歲以下的子女為限，每人每年扣除 12 萬元。但若所得稅率在 20％以上、夫妻薪資所得分開計稅適用稅率在 20％以上、基本所得額超過免稅額 670 萬元者，不得扣除（這就是排富條款）。

7. 長期照顧特別扣除額

符合衛福部公告「須長期照顧之身心失能者」，每人每年可定額減除 12 萬元。但若所得稅率在 20％以上、股利按 28％分開計算、基本所得額超過免稅額 670 萬元者，不得扣除（這也是排富條款）。

依狀況不同，須檢附的證明文件分別如下：

(1) 聘僱外籍看護：有效聘僱許可函影本。

(2) 長照服務使用者：使用長照服務收據影本。

(3) 住宿型機構使用者：入住累計達 90 日之繳費收據影本。

(4) 在家自行照顧者：病症暨失能診斷證明書以及巴氏量表影本。

基本生活費用差額，辛苦家庭的小確幸

　　納稅者基本生活所需費用總額，超過財政部公布比較基礎各項目合計數部分（即基本生活費差額），可以從綜合所得總額中減除。2022 及 2023 年度基本生活所需費用每人為 19.6 萬元。

　　計算方式為按照當年度每人基本生活所需費用，乘以納稅者本人、配偶及受扶養親屬「人數」所計算出的基本生活所需費用總額，超過綜所稅免稅額、標準（或列舉）扣除額、特別扣除額部分項目（身心障礙、教育學費、幼兒學前、儲蓄投資及長期照顧特別扣除）合計數的金額時，可自納稅者當年度綜合所得總額中減除。（見圖表 A-5）。

圖表 A-5　基本生活費差額，可以從綜合所得總額中減除

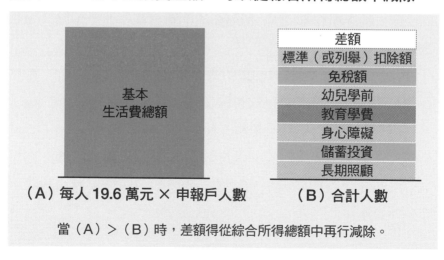

（A）每人 19.6 萬元 × 申報戶人數　　（B）合計人數

當（A）＞（B）時，差額得從綜合所得總額中再行減除。

個人投資新創事業公司也能節稅

　　依據《產業創新條例》第 23-2 條及《個人投資新創事業公司所得減除辦法》規定，個人投資新創達以下條件，綜合所得額可減除：

　　1. 投資人為中華民國境內居住之個人。

　　2. 以現金投資國內高風險新創事業之股份有限公司，並符合技術創意或商模具創新發展性、可提供目標市場解決方案或創造需求、開發之產品或服務具市場化潛力等條件，且須經過中央目的事業主管機關的核定。

　　3. 所投資的新創公司須成立未滿 2 年。

　　4. 對同一新創公司當年度投資金額達 100 萬元，並取得該公司新發行股份。

　　5. 持股期間 2 年以上。

　　6. 檢附稽徵機關核發之「個人股東投資自綜合所得總額減除證明書」。

　　若符合以上條件，得就投資金額的 50％ 限度內，自持有期間屆滿 2 年的當年度個人綜合所得總額中減除，每年得減除的金額，合計以 300 萬元為限，且跨年度就無法提出了。

附錄 3
投資基金與債券所得的課稅原則

以往金融商品的課稅範圍，會因其性質或商品包裝方式而不同，因此造成許多投資人的恐慌，不但扭曲金融機構間資源的配置，也連帶影響金融市場發展及國際競爭力。直到 2009 年 4 月政府修正有關金融商品的課稅規定，個人持有債券等金融商品的利息所得，只要扣繳 10%～ 20%稅款，稅金將可節省許多。

哪些金融商品用分離課稅？

個人居住者持有公債、公司債及金融債券的利息及下列所得者，應依《所得稅法》第 88 條及各類所得扣繳率標準規定，扣繳 10%稅款，且不併計綜合所得總額（即分離課稅），同時也不再適用儲蓄投資特別扣除額；非居住者則按 15%扣繳率就源扣繳：

1. 公債、公司債及金融債券之利息所得。

2. 短期票券到期兌償金額，超過首次發售價格部分之利息所得。

3. 依《金融資產證券化條例》或《不動產證券化條例》規定發行之受益證券或資產基礎證券分配之利息所得。

4. 以上述 3 款之有價證券或短期票券從事附條件交易，到期賣回金額超過原買入金額部分之利息所得。

5. 與證券商或銀行從事結構型商品交易之所得。

因為投資債券的門檻不低（按：投資 1 張債券幾乎動輒 500 萬元甚至上千萬元），所以持有該金融商品所得的納稅義務人，多數為高資產族群。對喜愛大額度投資以及綜所稅率超過 12％ 以上的投資人來說，選擇投資用 10％ 扣繳（分離課稅）的金融商品，如債券、結構型商品等，就是一個很簡單又符合個人利益的節稅方法。

如何判斷「國內基金」與「國外基金」？

基金是國人熱門投資理財工具之一，依照發行公司不同，可區分為「國內基金」與「國外基金」，而投資兩種的課稅方式也大不同，可別搞錯了！以下介紹國內基金與國外基金的差別。

國內基金是指在國內登記註冊之基金；國外基金則是登記在我國以外地區，大都在有「租稅天堂」之稱的國家註冊，例如盧森堡（Luxembourg）、開曼群島等，這是由國外基金公司發行，經我國政府核准後在國內銷售之基金。例如：群益印度中小基金，

看名稱似乎是投資在海外的印度市場股票，但由於群益投信這檔基金的註冊地是在臺灣，所以應該歸類在國內基金。

需要特別注意的是，基金買賣獲利（資本利得）的課稅標準是以「註冊地區」，而非「投資標的」。然而，基金配發利息或股利的課稅標準是以「投資標的」，而非「註冊地區」。

不論個人還是企業買賣基金的損益，皆以基金註冊地判斷所得來源，比如基金註冊地為臺灣，在國內所產生的損益屬於證券交易所得為免納所得稅；然而，如果是證券交易損失，當然也不准自所得額中減除。如果基金註冊地為境外，其買賣產生的損益屬於海外所得，須計入個人基本所得額申報。

至於基金所配發之利息，其持有人不論是個人或企業，所得來源屬境內抑或境外，均須計入所得申報課稅。

個人購買國內基金，投資標的如果是臺灣境內的股票或債券，取得基金配發的股利或利息，應申報個人綜合所得稅，利息部分可以享受 27 萬元儲蓄投資特別扣除額。但如果投資標的是境外地區含香港及澳門地區，則投資人取得的股利或利息屬海外所得，須計入基本所得額申報。（下頁圖表 A-6）

此外，海外利息非屬境內來源所得，不課徵補充健保費；海外利息所得也不可與出售海外基金的交易損失互抵。

此外，《所得稅法》規定，民眾申報綜所稅時，若要列報扣除財產交易損失，須檢附有關證明文件，以憑核認，至於每年度扣除額，以不超過當年度申報的財產交易所得為限。如果當年度

圖表 A-6　國內基金與國外基金之課稅差別

基金 註冊地	投資地區	收益來源	個人所得類別
國內	臺灣	資本利得	國內證券交易所得（停徵）
		配息	國內利息所得／股利所得
	海外	資本利得	國內證券交易所得（停徵）
		配息	海外利息所得／股利所得
國外	不論臺灣或海外	資本利得	海外財產交易所得
		配息	海外利息所得／股利所得

沒有財產交易所得、或是財產交易所得額比財產交易損失少，還沒有扣除的財產交易損失餘額，可以在以後 3 年度的財產交易所得中扣除。

　　而海外財產的交易，由於《所得基本稅額條例》規定，海外財產交易損失除了不能從其他所得類別的海外所得中扣除外，海外財產交易若有損失，依法僅能從同一年度的海外財產交易所得中扣除，因此與境內財產交易損益的扣除規定不同，不得適用 3 年內盈虧互抵的規定。

附錄 4
我的薪水到底該列 50 還是 9A ？

　　有媒體報導，A 醫師受甲診所聘僱駐診，薪資依看診數抽成而定，在申請個人綜合所得稅時，將薪資列為「執行業務所得」（扣繳憑單上所得類別代號為 9A）申報。但被國稅局查獲，此筆收入應為「薪資所得」（扣繳憑單上所得類別代號為 50），因為 A 醫師無須負擔經營診所所需的成本及必要費用，而且無論診所盈虧都可以依看診數抽成，而認定 A 醫師應補稅。

　　「執行業務所得」和「薪資所得」到底差在哪裡？首先，我們得先替執行業務者下定義。依照《所得稅法》第 11 條第 1 項規定，執行業務者是指律師、會計師、建築師、技師、醫師、藥師、助產士、著作人、經紀人、代書人（地政士）、工匠、表演人、物理治療師及其他以技藝自力營生者。

　　執行業務者有一個很重要的精神，就是須「自力營生」，執行業務所得可作帳減除成本、費用及損失，規定與營利事業所得稅相同；若沒有作帳，則可依照財政部所頒布的「執行業務者收入及費用標準」，扣除費用標準後為所得額，即以收入的百分比多少當作費用來減除之意。以下列出較常見的費用標準率：

1. 律師、會計師、地政士、記帳士、公證人、專利商標代理人 30％（律師配合政府政策辦理法律扶助案件，及法院指定義務辯護案件 50％）

2. 建築師、技師、不動產估價師 35％。

3. 醫師藥師類 20％～ 100％。

4. 助產人員（助產師及助產士）31％（全民健康保險收入 72％）。

5. 保險經紀人 26％。

6. 一般經紀人 20％。

7. 公益彩券立即型彩券經銷商 60％。

8. 著作人找出版社出版（非自行出版）、畫家 30％，著作人自行出版 75％。

9. 表演人、節目製作人 45％。

10. 程式設計師、精算師、心理師、營養師、命理師 20％。（還有許多類別，可以查詢財政部頒布每個年度的「執行業務者費用標準」。）

由於執行業務所得，可依財政部所頒布的執行業務者收入及費用標準，扣除費用標準後為所得額，因此比薪資所得的特別扣除額高出許多，以致許多不是執行業務所得的人，例如保險業務員和受僱醫師，也有意無意的申報執行業務所得，這樣下來稅負會減少很多。

對此，國稅局近年來有幾次的查稅動作都引起爭訟，最常發

生在保險公司的業務員，爾後法院傾向認定，若保險業務員自行負擔資金風險，並且自備工作場所、工具設備等，可屬於執行業務所得。

關於保險佣金，保險業務員與保險公司（包括保險代理人公司及保險經紀人公司）如果不具「僱傭關係」，由業務員「獨立招攬業務」並「自負盈虧」，公司也不會為該業務員提撥勞工保險、全民健康保險及退休金等，那麼該業務員依招攬業績計算，而從保險公司領取的佣金收入，得依《所得稅法》第 14 條第 1 項第 2 類規定，減除直接必要費用後的餘額，為執行業務所得。

如果保險業務員未依法辦理結算申報、或沒有設帳記載及保存憑證，以及未能提供證明所得額之帳簿文據者，可依財政部核定一般經紀人之費用率計算其必要費用。

保險業務員所謂的獨立招攬業務，並自負盈虧的要件包括：自行負擔資金風險，且自備工作所需要的工具及設備等。若保險公司無償提供通訊處處所等設備，或劃定公共區域提供保險業務員使用，那麼該業務員從保險公司所領取的佣金收入，則為薪資所得。

醫師的收入歸類原則也採取相同的概念，只要是與醫療院所有僱傭關係，就屬於薪資所得；若是合夥聯合執業，每位合夥醫師皆須承擔醫院的盈虧，並依合夥契約拆帳分配盈餘，即屬於執行業務所得。

issue 049

遺產與贈與的節稅細節

財產怎麼贈，孩子拿了錢不落跑；
遺產怎麼分，老者心安、少者不爭，還能省下萬萬稅。

作　　者／胡碩匀
責任編輯／宋方儀
校對編輯／劉宗德
美術編輯／林彥君
副總編輯／顏惠君
總 編 輯／吳依瑋
發 行 人／徐仲秋
會計助理／李秀娟
會　　計／許鳳雪
版權主任／劉宗德
版權經理／郝麗珍
行銷企劃／徐千晴
行銷業務／李秀蕙
業務專員／馬絮盈、留婉茹
業務經理／林裕安
總 經 理／陳絜吾

國家圖書館出版品預行編目（CIP）資料

遺產與贈與的節稅細節：財產怎麼贈，孩子拿了錢不落跑；遺產
怎麼分，老者心安、少者不爭，還能省下萬萬稅。／胡碩匀著. --
初版. -- 臺北市：任性出版有限公司，2023.04
352 面；17×23 公分
ISBN 978-626-7182-18-5（平裝）

1.CST：遺產稅　2.CST：贈與稅　3.CST：節稅

567.23　　　　　　　　　　　　　　　　　111022400

出 版 者／任性出版有限公司
營運統籌／大是文化有限公司
　　　　　臺北市 100 衡陽路 7 號 8 樓
　　　　　編輯部電話：（02）23757911
　　　　　購書相關諮詢請洽：（02）23757911 分機 122
　　　　　24 小時讀者服務傳真：（02）23756999
　　　　　讀者服務 E-mail：dscsms28@gmail.com
　　　　　郵政劃撥帳號：19983366　戶名：大是文化有限公司

法律顧問／永然聯合法律事務所
香港發行／豐達出版發行有限公司 Rich Publishing & Distribution Ltd
　　　　　地址：香港柴灣永泰道 70 號柴灣工業城第 2 期 1805 室
　　　　　　　　 Unit 1805, Ph.2, Chai Wan Ind City, 70 Wing Tai Rd, Chai Wan, Hong Kong
　　　　　電話：21726513　傳真：21724355
　　　　　E-mail：cary@subseasy.com.hk

封面設計／ KAO　內頁排版／王信中　攝影／吳毅平
印　　刷／鴻霖印刷傳媒股份有限公司

出版日期／ 2023 年 4 月　初版
定　　價／新臺幣 490 元（缺頁或裝訂錯誤的書，請寄回更換）
I S B N ／ 978-626-7182-18-5
電子書 ISBN ／ 9786267182192（PDF）
　　　　　　　 9786267182208（EPUB）